我的奧運金牌之路

——見證奧林匹克精神38堂課

彭臺臨　著

推薦序一

勇敢的夢想者

中華奧林匹克委員會第七屆及第八屆主席
二〇〇四年雅典奧運中華台北代表團團長　黃大洲

當我看到跆拳道在雅典奧運奪金的一剎那，內心激動，其實最希望擁抱道賀的人就是臺臨兄。他常提到：「我寧願做個勇敢夢想者，也不要當個平凡的工作者！」事實證明他的確做到了。

臺臨兄懷著滿腔理想與強烈的自我期許，其積極個性別樹一格，堪稱是為二〇〇四年雅典奧運投下最大心力的體育人。臺臨兄或因不具體育專業背景而遭質疑，但臺臨兄皆以正面思考來面對所有的阻礙和挫折。雅典奧運代表團出發前，他甚至與某位媒體記者打賭，若此行無法摘金，願剃光頭沿體育大樓外圍爬行一圈，以宣誓對中華健兒的信心並昭示其奪金的決心，其對於體育的堅持堪稱為大家的典範。

臺臨兄細讀世界得牌者的回憶，探究得牌者的心路歷程；以耐心指導並說服選手，使選手在精訓期間除了提升體能及競技技術的水準外，也對選手應具備的人格特質，提出嚴格的要求，藉此奠定選手們追求卓越的心理基礎。

金牌的意義乃在於經由運動精訓與比賽的過程，堅定信念、挑戰自我、奮力求勝，從而完成堅忍不拔的人格教育與理想的實踐。

我國自一九三二年參加洛杉磯奧運以來，計十五次參賽，共獲十五面獎牌，但從未奪金。二〇〇四年雅典奧運則一舉突破了七十二年來的「零金障礙」，使我國跨過奧運金牌的門檻。雖區區二面，卻名列二〇〇二個參賽國第三十二名，也是前百分之十五得金奧會，足證奧運奪金不是夢，重要的是追求夢想的勇氣與作法。國際奧會主席羅格（Jacques Rogge）和聯合國秘書長安南共同宣布二〇〇四年為國際體育教育年，故在徵得臺臨兄首肯後，本會特別將其發表於中國時報的專欄文章彙整，付梓發行以饗讀者。

推薦序二

樂觀的理想主義者

行政院體育委員會前主任委員　陳全壽

彭副署長要我為他新書寫序，本書是他在報章的專欄整理成書的。我認識彭副署長的時間不多，因他非體育專業，所以在我來體委會任職之前，我對他可以說一無所知，但一個非體育界的人被賦予重任，承擔國家競技運動最前線的工作——擔任體委會競技處處長，是件很奇異的事情，很多體育界的人都不以為然，不過結果是正確的，他交出了亮麗的成績，所以能為他寫序也是一件光榮的事。

從我觀察人的不少經驗當中，我看到彭副署長的一些特質是體育界的人較不具備的「一個相當樂觀的理想主義者」，他之能夠投入非專業的領域交出不錯的成績，主要的原因就是具備一般體育人所較缺少的「理想主義者的特性」，體育人有時候對事物的看法較悲觀，有時候較功利，有時候較近視，也因為如此，要讓一棵樹壯大，或開花結果，常會操之過急或吝於長期投資，或行動力不足、思慮不周而至功敗垂成。所以彭副署長負責競技處業務時，有不錯的結果展現，應該是發揮了這些特質，彌補了體育人缺少的而相得益彰。

書中很多話題都是在如何發揮潛力，找出最好的訓練效果及比賽成績的問題。尤其是針對心智能力的發揮問題，雖非獨創的精闢理論或見解，但引用中、外的看法深入淺出的介紹，使選手及教練都能了解，是本書的一大特色。

奧林匹克運動會雖然是四年一次，但想在奧林匹克創造佳績的人，他必須天天生活在奧林匹克裡，這是多麼難熬的事情，一四六〇天的奧林匹克生活是如何的漫長，也因此選手的身、心及技術與戰術的整體發揮是一大學問，如果沒有強烈的動機，或可稱為求勝的不移信念，是辦不到的，這種信念是一種生活態度或可稱為「哲學」，極難建立，但必須建立。

彭副署長集短文成冊的專書，事實上處處顯露出選手與教練建立勝利哲學的一些易懂的想法及作法，非常值得參考，希望年輕的選手能多看、多想，人手一冊。

我國要在二〇〇八年北京奧運取得七金，是一艱難的挑戰，但在幾近不可能中去追求可能就是運動精神，就是奧林匹克，也就是海島臺灣強悍的拓荒精神的極致表現。在雅典我們完成了七十二年的願望——奧運金牌，但在二〇〇八我們要完成奧運七金，當然有十倍、百倍的困難，所以我們要立下正確的策略，找出最好的實踐方法，在這樣的架構下，用信心、堅定不移的勝利哲學，完成國人的期待。

彭副的書在中華奧會的支持下出版正是時候，本人有幸為之寫序，備感光榮與高興。

推薦序三

集「質」於一身的臺灣英雄雕塑家

紀政

二〇〇四年九月一日下午，正當在雅典奧運為國爭光的選手和教練們的車陣在臺北市街頭接受國人熱烈歡迎之時，我正在立法院旁的一家小餐廳內用心的寫卡片給每一位獲得奧運獎牌的選手，這些選手，我並不熟識。他們的點點滴滴，我是從媒體的報導中知悉的，會有寫卡片的衝動是因為無論是從平面媒體的報導描述，抑或電視媒體的畫面，他們的言行舉止，讓我有一股像發現新大陸的喜悅，我真的看到了從他們身上所散發出來的特質和氣質正是我多年以來在尋覓的。我深恐這些美麗高貴的「質」會在鎂光燈不斷的閃爍和媒體持續的捧寵下消失匿跡了，因為這些「質」的發揚光大及傳承，將是選手們獎牌之外的不朽貢獻。

就是為了這種「質」，在我擔任田協總幹事的初期，曾經興沖沖的去拜訪當時領導中華民國體育協進會（現全國體總）的黎玉璽將軍，我寧可背負著冒犯之罪，也要向他慎重的推薦一位絕對有魄力讓所有在左訓中心的選手和教練們擁有人人誇人人讚的「質」。這位在我客觀無私的心目中能扭轉體壇社會形象乾坤的魔術師是何方人物？她就是體壇前輩郝更生博士的夫人──高梓女士（有關她的生平、背景、事蹟可上網查詢）。她是國內知名的體育家、教育家、國際禮儀專家、演說家，最重要的她是言行一致的實踐家，她是萬萬不會讓左訓中心的選手和教練成為唯有體育至上，其餘四育殘缺的堅持者。遺憾的是左訓中心的歷任主任名單中，從未有高梓這兩個字出現。

二〇〇〇年雪梨奧運，體壇和國人都熱切的在盼「金」，當然我也不例外，我是雲門舞集的支持者，也是林懷民先生的朋友。有一晚，我去觀賞「焚松」的演出時，舞者們極致卓越的表現，任何鉅細動作，無一不是經過千錘百鍊，完美的無懈可擊，可以想像他們訓練時的專注、吃過的苦頭、演出時的壓力與選手相比絕對是有過之而無不及。所以，整個晚上懷民的影子一直在我腦子裡回繞著，我睜著眼在說夢話：「如果林懷民是左訓中心的訓練總監該有多好。」

二〇〇五年二月二十日，國語日報出版了一本由黃志雄、朱木炎口述，名為《贏在我不認輸》的勵志書。我以「真善美的翅膀在飛翔」為文作序推薦，文中有一段在此照抄用同樣的文字敘述：「紀姐，您經常在做一些公益活動，有我們可以幫忙的地方，請記住我們。」

二〇〇四年九月一日，雅典奧運中華健兒凱旋歸國，慶功晚宴結束之際，我再次向他們祝賀致喜時，他們倆不約而同的說出這樣的話。這是我回國二十七年以來在體育界服務所聽到最感動的一句話。這是一個完全沒有經過預演的默契。接觸他們愈多，認識他們愈深，愈覺得他們是異父異母的親兄弟。

聚精會神的閱讀完彭臺臨先生的的文稿，我終於知道黃志雄和朱木炎異口同聲衷心所表達出的公益心和展現出對社會的責任感是有源頭，那些選手們流露出讓我抑制不住而化激動為寫卡片的行動的「質」也不是憑空降落的，因為在他們邁向成功的路上有一位舵手——本書的作者彭臺臨先生，一位集高梓女士和林懷民先生的「質」於一身的「臺灣英雄」的雕塑家。

我不喜吹噓，更不善膨脹，如若我們體育人真心要撕掉「頭腦簡單，四肢發達」的標籤，此書是必讀的「聖經」，二〇〇八年北京奧運要鑄金，冶金術在此書中一目了然。

推薦序四

潛移默化感動選手

行政院體育委員會前副主任委員
二○○四年雅典奧運中華台北代表團總領隊　林德嘉

此書帶給社會大眾最大的資產是提昇體育運動的正面思考模式，因為作者將個人的樂觀進取，努力不懈的精神，以及對成功堅定的信念，藉由潛移默化的行動中，感動選手與教練。

本書作者彭臺臨先生擔任行政院體育委員會競技處長期間，積極支援輔導跆拳道、射箭及射擊等運動選手及教練備戰奧運，同時也積極協助棒球協會獲得棒球奧運參賽資格。他以最高度的熱情與執著投入奧運奪金計畫，並如願以償的在二○○四年雅典奧運採收了第一批成熟果實。

奧運結束後，作者又將其從做中學（learning by doing）的寶貴經驗，用簡潔的文字發表出來，旨在記錄與反省臺灣第一面金牌的過程，讀來讓人感受良深，同時亦讓國人能更深切體會勝利喜悅的背後，還有許多值得注意與探討的問題與觀念。我個人以為此書帶給社會大眾最大的資產是提昇體育運動的正面思考模式，因為作者將個人的樂觀進取，努力不懈的精神，以及對成功堅定的信念，藉由潛移默化的行動中，感動選手與教練。

作者他在書中收集了不少成功運動員的經驗，提到許多如何成功的策略，尤其是他鼓勵並指定選手閱讀好書，並要求大家將閱讀心得化為實際力量，對選手的心靈啟發有許多意想不到的助益。大家一直強調科學化訓練，而缺乏對人文的素養的關懷與培養，因此我們的運動員往往缺乏自審能力，很少能建立自我成功的信念。作者於書中一再宣揚其對成功的信念，並具體指出追求成功法門，鼓勵我們的選手提昇人文素養，培養「內在贏家」的特質，最終才能建立最基本「贏的策略」。

此書是心得、反省與檢討，透過本書可以讓大家注意到勝利的喜悅只是一種短暫的結果，奪金後所蕩漾的餘波，才是國人更應重視的議題。我們當然應該稱許並且肯定奧運奪金的成就，然而，在國際競技運動的舞台，如果依據參與競賽的運動員數、競賽場內的觀眾數、比賽獎金的額度、運動員的年收入、電視轉播的頻率與收視率、企業投資的金額等做綜合評量，則世界性的主流運動種類應該是足球、田徑、自由車、網球、高爾夫、籃球、游泳、體操和排球。

這些國際主流運動種類，在國內並未受到足夠的重視與發展，反而是因為目前體育政策過份以獎牌和獎金取向，等於變相鼓勵非主流運動種類發展，忽視主流運動的重要性。這種趨勢造成國內主流運動種類的競技水平距離國際水平愈趨遙遠，在民間的普及化也愈趨沒落，二〇〇四年雅典奧運奪金的同時，確實也對國內競技運動發展產生極大的諷刺。

中國大陸在二〇〇四雅典奧運雖然獲得三十二面金牌，但在賽後檢討還是覺得自己僅是金牌大戶，並非體育強國，其原因就在於奪金的項目不夠全面，並不足以反應其競技運動之實力。

我國在主流運動種類的競技水平與世界強國媲比，總會有遙不可及的感觸，國人是否探討過，我們為什麼需要等待七十二年才能得到奧運金牌？以競技運動發展現況，我們得到的金牌是一種必然的結果，或是偶然的意外？我們得到金牌後就能提昇國家能見度了嗎？我們得到金牌就證明臺灣的競技運動正在向上提昇嗎？二〇〇八奧運我們還能繼續奪金嗎？

衷心盼望此書能夠對有志追求卓越的運動員，提供最大的鼓勵與振奮，也希望藉由二〇〇四年雅典奧運的奪金經驗，引發體育界重新思考何謂競技運動的核心價值。藉此為作者寫序，提述上面說明，供讀者辨識。

推薦序五

奧運金牌的重要推手

中華奧林匹克委員會第九屆及第十屆主席
二〇〇四年雅典奧運中華台北代表團副團長　蔡辰威
二〇〇八年北京奧運中華台北代表團團長

二〇〇四年雅典奧運會，我國突破紀錄，首次在奧運會中獲得金牌，消息傳來，舉國歡騰。勞苦功高的臺臨兄，正是國人夢寐以求的這二面奧運金牌，背後最重要的功臣之一。

雅典奧運會期間，臺臨兄當時擔任行政院體育委員會競技處長，係我國主管競技運動、組團參賽的最前線指揮官。

臺臨兄對於參加雅典奧運會的各項準備工作，不論事情大小，均親自指揮協調，積極投入備戰奧運工作，更對戰情戰力分析與調度瞭若指掌。

臺臨兄主張訓練必須結合運動科學方法方能奏效，以科學研究數據與心理輔導建設來幫助選手與教練訂出最佳的訓練模式，調整選手至最佳體能和狀態參加奧運會，臺臨兄對體育事業的認真付出與深入了解，令人敬佩，更值得我們學習！

雅典奧運會後，臺臨兄撰寫本書，將他親身感受和心路歷程寫成文字，集結成書，分享讀者。

這本書不但見證我國首次在奧運奪金，這難能可貴的歷史性時刻，更可以讓國人永遠記住這光輝燦爛、令人感動的時光，本人很榮幸能為之作序，更樂意推薦給各位讀者閱讀！

推薦序六

延續臺灣奪金的光榮歷史，見證奧林匹克精神

中華奧林匹克委員會第十一屆主席
二〇一四年仁川亞運會中華台北代表團團長　林鴻道

雖然已時隔十年，但每當提及我國在二〇〇四年雅典奧運會陳詩欣與朱木炎一舉突破零金紀錄，為我國奪下史上至今唯二的奧運金牌，首度在奧運會場奏起會歌、升上會旗、那個熱血沸騰、撼動人心的場景，立刻湧上心頭，令人激昂，不能自已！

臺臨兄無疑是臺灣二〇〇四年奧運奪金的重要推手，當時他負責運動競技，以堅持果斷、永不服輸和拼命往前衝的精神，帶動了臺灣競技運動水準的提升，終在雅典奧運創下臺灣首度奪金的光榮歷史。

雅典奧運後，臺臨兄短暫退居幕後，但休息是為了走更遠的路，在二〇一三年他接下教育部體育署副署長重任，複製雅典奧運成功經驗，連續在二〇一三年天津東亞運及二〇一四年南京青奧會獲得歷年參加該等賽會的最佳成績。二〇一四年仁川亞運會，行前臺臨兄雖訂下十金的高難度目標，但他為激勵全隊士氣，自己先立下軍令狀，不達目標，絕不罷休，最後也為我國取得亮麗的成績。這就是他一貫的信念——「敢做夢、有決心，為成功找方法，

不為失敗找藉口」，他的夢想與決心事後都證明，他的確可以做到！他對於體育發展的專業判斷與堅持，令人敬佩！

二〇一二年臺臨兄與本會共同成立「奧林匹克Happy School獎學金」，希望鼓勵青年學子了解奧林匹克精神，走向正確的人生道路，將來積極回饋社會。由於本書出版後獲得各界好評，今由Happy School獎學金再度出版印刷，希望能有更多讀者閱讀本書，重新喚起對運動的熱情，豐富人生，使之更多采多姿！這是一本勵志向上、發人深省的好書，值得大家一讀再讀！

自序　運動是生命的感動

Live your life while you have it. Life is splendid gift. ——Florence Nightingale.

活著的時候，就該好好生活。生命是神奇的禮物。——南丁格爾。

當國旗歌二度響起

奧運金牌，國人盼望已久，但是經過七十二年的努力都擦身而過，當許多人都認為奧運奪金是不可能的時候，陳詩欣與朱木炎在同一天贏得兩面金牌，國旗歌兩度響起，牽引國人熱淚，也帶動大家的熱情久久不已。

我是何等幸運，在這歷史的時刻，能夠扮演一個角色，參與其中。二〇〇三年五月，我主動請調至競技運動處，希望能幫助我國運動員達成奧運奪金目標，在我國奧運贏得第一面金牌時絕不缺席。不少人對我說這是不可能實現的夢想，我不惜以「若未能在雅典奧運贏得一面金牌，就爬體育大樓」為賭注，展現我的決心與堅持。我相信當我們有決心追求目標時，就必須堅持信念，付出代價，才會成功。

葉慈的詩清楚地表達出我心中想法：「當冬天風雪掩蓋了大地，有一顆種子掙扎地想衝破地面。它想著，如果不把這一點綠葉衝過冰雪，人們也許認為春天不再來了。」

努力的過程中，對我最困難的是要如何培養出奧運金牌選手。在有系統地閱讀有關書籍，例如紀政的《永遠向前》、藍斯．阿姆斯壯的《重返艷陽下》、魏特利的《志在奪標》及John Naber的《Awaken The Olympian Within》等書，發現奧運金牌的得主並不是生來就是勝利者。他們和我們一樣是個平凡人；但是，在他們追求奧運金牌過程中，我常看到下列名詞：夢想、願景、決心、態度、自尊、自律、專注、力量與堅持。

點燃生命熱情，喚醒心中巨人

奧運金牌運動員成功的人生哲學，徹底改變我當初追求我國奧運第一金的想法。人生的意義絕不是一面奧運金牌可以代表的。運動員不是為國爭光的工具，我們培育孩子不是要他們為我們爭光榮，而是希望他們活得愉快，獲得心靈的滿足。

所以，訓練運動員追求卓越的過程中，最重要是喚醒他們心中的巨人，點燃他們生命的熱情，堅持追求自己人生的目標。追求成功的過程，雖會經歷競爭與挫折，仍能得到學習成長和快樂。我常對選手說：「追求你人生中最值得的目標，人生就這一次，應當全力以赴。」

然而，雅典突破零金魔咒之後，北京奧運與倫敦奧運皆零金而歸。為什麼在國人期望下，政府投入更多資源，奧運成績反而直直落？檢視歷屆奧運賽後報告，僅有雅典奧運立下三金二銀一銅的目標，這目標在雅典奧運行前，還曾遭媒體記者譏為「金神分裂」。

雅典奧運能破除「零金魔咒」，不是政府投入更多經費與人力的有形資源，而是一種無形力量：夢想、目標與決心。

二〇一三年體育署成立，我立下了二〇一六年里約奧運三金二銀一銅的目標，期以突破雅典奧運的成績，其目的是要找回運動的核心價值，也就是奧林匹克主義的基本原則及目標。

「基本原則」：奧林匹克主義是提昇並結合身體、意志與精神三者於一體及求整體均衡的人生哲學，並將運動融入文化與教育，追求創造努力成功的喜悅、良好典範之教育價值，及尊重眾所公認之基本倫理原則。

「目標」：奧林匹克主義的目標在普遍推廣運動藉以促進人類和諧發展，並建立維護人類尊嚴、和平的社會。

延續古希臘奧林匹克運動精神

奧運雖是競技運動的表現，但是對人類人文精神的提昇有無與倫比的價值。我們面對今日世界快速變動，海嘯、地震、飛機失事、禽流感的天災人禍，經濟的變化無常，戰爭的威脅，如何能夠找到人類的希望？讓我們重新認識奧運的來源。

公元前八百年左右，伯羅奔尼撒半島面臨正在毀滅民族，近乎恐怖的衰敗局面？怎樣才能停止戰爭，消滅疫病？究竟用什麼方法才能使奴役民眾心靈的狡詐、奸滑和暴怒向美德低頭呢？阿波羅神三次的回答都是同樣的：「現在，立刻舉行運動競賽！」伊利亞國國王體悟到道：「我們什麼都試過了，原以為要蓋更多的寺廟、更多的法院，更多的學校、更強的軍隊，但多無法消除現在困境，讓我們明天就開始。」古希臘奧林匹克運動就這樣開始了。

雅典奧運一萬多名世界頂尖運動員，爭取三百零三面金牌，只有頂尖運動員才能夠獲得金牌，當奧林匹克運動場中，揚起國旗時，國旗與運動員同享驕傲與榮耀，激發世人永不放棄、追求卓越的精神，也由運動競賽的影響力，建立、創造、努力、成功的喜悅，良好的典範價值。

對我而言，奧運金牌是過程，不是目的。奧運精神是我們人生中總會走到低谷，遇到惡水，甚至有時無助無力去解決的困境。但總要對人生有所希望，了解到今天我們活著就是種恩典。

正如南丁格爾所言：「活著的時候，就該好好生活。生命是神奇的禮物。」我們體認運動是生命的感動。必須善用上帝給我們的天賦，以榮耀上帝。如此，即使我們人生航行在星月無光，在暴風巨浪中，奧運精神正如生命指南針，帶引我們航向希望之地。

本書是雅典奧運後，中國時報吳清和先生邀請我寫「臺灣金牌路」專欄時，正值我接受化療，與癌細胞競賽時刻，我所以提筆為文，是要將運動帶來生命的感動表現出來。

我的文筆並不流暢，但我期望的是讀者看到運動員努力求勝的真實生命，而有所啟發。運動員的奧林匹克精神，使我們認識到生命可以創造更好的價值。

正如聖經哥林多前書十三章七到八節（Corinthians 13:7-8）：

凡事包容　凡事相信　It always protects, always trust

凡事盼望　凡事忍耐　always hope, always perseveres

愛是永不止息　Love never fails

Contents

目錄

Contents

附錄

第1堂 勝利屬於有決心的人

一旦你產生一個簡單而堅定的想法，只要不停地重複它，終會使之成為現實。提煉、堅持、重複，這是成功的法寶；持之以恆，最終會達到臨界值。

——美國企業家 傑克・韋爾奇（Jack Welch）

讀書改變了我的一生，運動則改變了我的生活態度。

我自小不愛讀書，課業上永遠是後段班學生，課堂上永遠找不到樂趣。教室對我來講，是讓老師與同學嘲笑的場所，所以逃學是我唯一可以找到心靈休息的方式。雖然逃學，但是漫畫書與武俠小說卻填滿我在課堂外的日子。

這樣另類的「看書」，卻意外地對我的國文程度有所幫助，訓練了我對事情思考的邏輯能力，培養了我這一生都喜愛閱讀的習慣。最重要的是，也因此打好我自學的基礎。

雖然遭遇初中與高中聯考的失敗，但是在黑手被歧視的年代裡，大部分學生都不願就讀高工的情況下，我以備取資格，幸運地進入「台北市工」（現在的大安高工）就讀。

在高工就學期間，我的學業成績不好，也因常打架、被記過，所以品行成績也不佳，甚至面臨被退學的邊緣。運動，居然適時扶了我一把。

當時，為了加強打架的「戰鬥力」念頭下，我參加了學校的拳擊隊。除了平日在學校練習外，回到家裡，自製沙包苦練，照著鏡子練習修正姿勢。在對打練習時，感受到自己一分投入，就會有一分收穫，體會到努力與成就間關係的建立，從其中我逐漸發展出自信的態度。

我從拳擊運動中發現自己的價值，我改變了抱怨環境與憤怒不公的壞習性，不再受別人期望影響，不再回顧失敗的經驗，不再有預期自己會失敗的想法，一切都是正面積極的思考模式。

我不斷蒐集拳擊的相關知識，當時電視轉播的「拳壇風雲」對我影響極深。轉播員在評論時，所談不僅是拳擊而已，也討論到人生的態度。

「唯有不斷地出擊，不斷的移動，才有致勝的可能。」

「勝利是屬於有決心的人。」

「設立目標，相信自己，一定成功。」

當時是拳王阿里（Muhammad Ali）全盛時代，阿里在賽前總是誇口自己會勝利。果然，他是當時的常勝軍。因為，他認為只要知道自己的目標，堅持自己的理念，必會得到勝利。

阿里被尊為二十世紀最偉大的運動員，是因他敢勇於面對挑戰。在賽前，他總是誇張的宣稱自己必然會勝的預言，是一位以自己名譽為賭注的勇士。這時，比賽的勝負似乎不重要了，敢於向現實挑戰的夢想家，是會令人尊敬的。

《志在奪標》的作者魏特利認為：「如果你有膽量說出，你可掌握自己的命運，這個世界將因此尊敬你，即使事後證明你錯了。」

受阿里與魏特利兩位的信念影響下，二〇〇三年五月，我與同仁一起開始挑戰中華奧運第一面金牌的目標，並在長官的支持下，執行「奧運奪金計畫」，立誓打破我國參加七十二年奧運的「零金魔咒」。

二〇〇四年雅典奧運，中華隊奪得二金、二銀、一銅的歷史佳績，證明了當我們有決心求勝，追求目標時，我們一定會得勝。

當機會呈現在眼前時，若能牢牢掌握，十之八九都可以獲得成功而能克服偶發事件，並且替自己找尋機會的人，更可以百分之百的獲得勝利。

——美國著名人際關係學大師　戴爾・卡內基（Dale Carnegie）

想成功，一定要有周詳的計畫。

當決定我國奧運奪金絕不缺席的目標後，不少人說這是不可能的，尤其是在短短不到兩年的時間。

體委會主任委員陳全壽先生常說：「要為成功找方法，不要為失敗找理由。」這確實是追求成功的唯一途徑。

我們必須知道，生命中值得追求的理想或目標，沒有不經挑戰和困難，就可達成的。我們要有夢想，要大膽的相信能夠實現，要常對自己說：「我一定做得到！」只要我們認為能，就能做得到任何事。

當初我在經建會承辦「科技發展方案」的經驗，啟發我研擬奧運奪金計畫的原則。

當時，努力將密集工業轉行到高科技產業時，行政院孫運璿院長，邀請了英特爾總裁葛洛夫、IBM等世界頂尖的企業家，為我國的科技顧問組，提供發展策略的建議，且在科技發展方案中，將人才培育列為最重要的工作。

所以，奪金計畫是積極尋訪金牌教練與選手，向他們學習如何研擬奧運奪金策略。很幸運地，經由IMG的施宣麟先生，推薦了在體操項目贏得完美十分的「羅馬尼亞小精靈」娜蒂亞・柯曼尼絲（Nadia Comaneci）和他的夫婿巴特・柯納（Bart Conner）。娜蒂亞是在一九七六年蒙特婁奧運會中，第一個得到完美十分，贏得了三金、一銀、一銅，創造了歷史紀錄的人。在一九八〇年莫斯科奧運，再奪得二金、二銀。巴特則在一九八四年洛杉磯奧運，贏得個人與團體金牌各一面。

娜蒂亞與巴特兩人認為他們的運動成就，是在於培養了「集中焦點（Focus）」的能力，也用「Focus」的縮寫字，說明了他們對奧運奪金與在人生中要有所成就的觀點：

F：Find your talent（發現你的才能）

每個人都可以發現自己有某方面的才能，不論是在業務、管理、人力資源或財務方面，都必須不斷地發掘自己的潛質。在娜蒂亞六歲，巴特十歲時，兩人對韻律體操都很有興趣；

事實上，父母對他們常在家裡沙發上蹦蹦跳跳，打破家具而煩惱不已，於是就送他們到體育館學習韻律操，因而打好了體操基礎，他們在體育館裏常得到正面回應：「你在體操的表現真棒！」

這種激勵的環境下，造就了他們，使他們培養了「自尊（Self-esteem）」。

O：Observe your role models（觀察你的角色模範）

年輕體操選手可藉由觀看別人表現的技巧中學習，觀察傑出選手是如何達到想要做到的成果；觀察成功的人，與有成功想法的人相隨在一起；閱讀成功人物的自傳與檔案，這有助於發現靈感並得到指導與激勵。除了有「支持」而不是「壓迫」的父母外，好的教練也是個角色模範與老師。想想在你周遭是否有頂尖表現的人，觀察並向他學習，便可以不斷學習、不斷進步。

C：Challenge yourself（挑戰自己）

以巴特青年時即取得金牌、娜蒂亞完美十分的同樣動作，在今天已不能保證取得金牌，或取得奧運參賽資格，競技運動追求的更快、更高、更強，是越來越艱困的挑戰，我們必須常常挑戰自己，跳出自己覺得舒適的區域（Comfort Zone），設下長程目標，還要記得設立每日目標。每一天，我們回到家裏，感覺「達到今日目標了」，以每日進步，替代自己覺得還有好多事要做。

上星期苦練，不代表今天就可以偷懶。如果每一天都完成一個「小事情」，做為一個體操選手，常是集中在改善「細節」，使細節正確。像是：我要使我的手臂更直，我的跳躍更高，這些具體目標，便可經驗到「每日成功」的感覺。正如美國俗語「在雞未孵化前，不要計算你的收成」，但每一天你必須感受到你的作為，使自己愈來愈好。

U：Utilize your resources（使用你的資源）

不要猶豫去找到資源，運用網路、圖書館，得到訓練員，會驚訝於當你盡力追尋目標，有多少人願意幫助你，正因為你同時激勵了他們。

S：Strive to make difference（盡力造成不同）

這是最好的部分，將所需的工具都準備好，就能發現可以有所貢獻與影響；我們不在此強調財富，生命是成長的過程，我們必須每日都有所改變，每天都在成長，時時刻刻肯定生命、享受生命。

認識了娜帝亞與巴特的F.O.C.U.S. 概念，讓我開始思考：我們必須以本土的天賦，尋找在奧運競爭的優勢項目，向已成功的國家學習，研擬出具體完整的目標，突破零金障礙，同時整合國內所有資源，幫助選手成功，思考選手的培訓過程，不僅訓練競技技巧，更應提昇他們的心理與人文素養。

生命是一場精彩的賽局，儘管有勝負，重要的是必須準備充分，不懼挑戰，創造機會，奮力求勝。

第3堂 尋找臺灣奧運金牌的優勢

成功好比一張梯子，「機會」是梯子兩側的長柱，「能力」是插在兩個長柱之間的橫木。只有長柱沒有橫木，梯子沒有用處。

——英國大文豪 查爾斯．狄更斯（Charles JohnHuffam Dickens）

參加七十二年奧運，得不到金牌的問題本質是：培訓參賽過程中，資源分配未能有效支援選手的培訓；未能有世界一流教練與運動科學參與培訓工作；選手遭遇到技術的瓶頸時，無法做到精益求精，以致於以極微小的差距而失去奪金的機會。

天賦，是上帝賦予的禮物。唯有懂得善用自己天賦的人，才有資格問鼎奧運金牌。但是，「人貴自知」清晰地描述了大多數的人，不知自己是何等幸運。體型的高、矮、胖、瘦，體力的強弱，都自有其生命的意義。

我們必須相信，生命永遠能夠創造更美好的事務。唯有在這個信念下，我們才能夠盡己所能地善用天賦，追求更快、更高、更強，以榮耀生命的意義。

雅典奧運奪金的目標，就必須善用國人的天賦以選擇奪金項目，並抱著精益求精的態度，才有達到目標的可能。

體委會早在二〇〇〇年釜山亞運會後，就基礎運動、參加國際賽會的實力、運動特性、未來發展潛力及較有機會取得雅典奧運參賽資格等因素，審慎評估二十八種奧運競賽種類，選定了田徑、游泳、體操、羽球、棒球、女子籃球、舉重、柔道、壘球、跆拳道、桌球、射擊、射箭等十四種重點項目，並再選出跆拳道、射擊、射箭、桌球、柔道、舉重及體操等七種運動，十八位在奧運奪金、奪牌實力的精英選手，實施專精培訓，就是所謂的「精英計畫」。

我調任至競技處長一職，在僅有一年三個月的時間內，必須更聚焦在更具有奪金運動的項目與人才上。

英特爾前總裁葛洛夫先生在《十倍速時代》書中，提及他的系統化邏輯思考（定義問題↓找出問題的關鍵↓建立解決問題的可能方案↓評估各個方案的利弊得失↓選擇最適當方案↓立刻付諸實踐），有助於他領導組織因應科技產業高度競爭與變化。我運用這種思考方式尋找臺灣奧運奪金的項目。

全美職業美式足球贏球最多的教練——登恩．許樂（Don Shula）有一套「精益求精」的做法，使他領導的團隊經常勝利：一、限制目標的數量；二、交付練習項目，一定要技巧純熟；三、盡量減少練習時犯的過失；四、進步之後，還要要求更進步。

精益求精的求勝方法上，我們限制奪金項目有三：射擊、射箭與跆拳道。射擊與射箭項目，有瞄準、穩定等特質的運動特性，不受體型影響，且女子雙不定向飛靶選手林怡君曾獲得世界排名第一的成績。射箭在歷屆奧運會都有一定水準的表現，尤其是二〇〇二年釜山亞運袁叔琪擊敗韓國雪梨奧運金牌選手尹美靜，贏得金牌，顯示了我國選手在奧運奪金的潛力。如能在有系統的培訓下，臺灣很有機會達成奪金的目標。跆拳道在雪梨奧運得過二銅紀錄，如果能夠在已獲有世界盃金牌選手朱木炎、黃志雄、紀淑如、陳詩欣等人的基礎上，加強爆發力、耐力與速度，是最具有奪金實力的項目。

選定了射擊、射箭與跆拳道為奧運奪金項目，我秉持了葛洛夫認為在《十倍速時代》，唯有「偏執狂得以存活」的概念。我偏執於「凡是可能都將成為事實」的信心；偏執於「清楚地掌握現實，才能致勝」的態度；偏執於「中階管理人員是組織變革」的管理原則。

尋找出臺灣奧運奪金的優勢項目後，幫助我們行政團隊集中注意力於明確的目標，排除人情的包袱，使資源有效分配，以信心面對奧運高度的競爭，堅持我們的理念與策略，整合資源發揮執行力，堅定地邁向奧運金牌之路。

「勝利是屬於有決心的人。」

「設立目標，相信自己，一定成功。」

當時是拳王阿里（Muhammad Ali）全盛時代，阿里在賽前總是誇口自己會勝利。果然，他是當時的常勝軍。因為，他認為只要知道自己的目標，堅持自己的理念，必會得到勝利。

第4堂 借鏡奧運金牌的競爭優勢

如果沒有人向我們提供失敗的教訓，則將一事無成。我們思考的軌道是在正確和錯誤之間二者擇一，而且錯誤的選擇和正確的選擇的頻率相等。

——美國醫學家 路易斯・湯瑪斯（Lewis Thomas）

如果，奧運金牌可代表國家競技運動的競爭力的話，我發現麥可・波特（Michael Porter）的「國家競爭優勢」的理論架構，可以解釋各國運動的競爭優勢。

波特認為：「國際競爭成敗的關鍵在於，競爭者是否能有效應用所在地的生產因素。產業競爭優勢的創造與持續，應該說是一個本土化的過程。競爭的成功源自各個國家的經濟結構、價值、文化、政治、法律以及歷史的差異。」競技運動的優勢，亦必須奠基於每個國家的經濟、社會價值與文化基礎上，才可能有高度專業的人力資源，以造就出競爭優勢。

觀察成功的典範上，我以三個層面進行評估：一、分析奧運金牌國家的競爭優勢；二、學習奧運金牌的訓練模式；三、觀察奧運金牌選手的特質。

首先，我們分析了奧運金牌的超強國家——美國及亞洲三強（中國、日本與韓國）。

美國，自一八九六年至二〇〇〇年止，共參加了二十三屆奧運，共得了八百四十三面金牌。就運動項目觀察，以田徑三百面為首，其次為游泳一百九十面、角力四十八面、跳水四十七面、拳擊四十七面、射擊四十六面，這六項就佔了美國奧運金牌總數的百分之八十點四。其中，又以田徑、游泳二項主流項目為金牌強項，奠定美國為運動超強國家的地位。

中國，自一九三二年至二〇〇〇年止，共參加了十屆奧運，共得金牌總數為八十面。其中，以跳水十四面為最多，其次依序桌球十三面、體操十二面、舉重十一面、射擊十面。這六項共有六十面，佔金牌總數的百分之七十五。就這六項的特質觀察，大都是屬於個人項目，且以重量分級和以技巧為主的項目。

日本，自一九一二年至二〇〇〇年止，共參加了十八屆奧運，共得了九十八面金牌。贏得金牌數依序為：體操二十七面、柔道二十三面、角力十六面、游泳十五面。此四項共有八十一面，佔金牌總數的百分之八十二點七。我們可以發現，日本奪金較多的四項除游泳外，體操、柔道、角力等皆與其民族文化有密切的關係。

韓國，自一九四八年至二〇〇〇年止，共參加了十三屆奧運，共得了四十六面金牌。其中金牌數較多項目，以射箭十一面為首，其次為柔道七面、角力九面、羽球四面、跆拳道三面（二〇〇〇年方列為正式項目）。韓國的優勢項目，亦以個人、重量分級與技巧為要的項目，也與其民族文化密切相關。

由前述金牌優勢分析，可得下列結論，作為我國競技運動實力提昇的參考：

一、國家競技運動實力的提昇正與經濟發展一樣，並非單純受有形的物質或經濟因素決定。國民的價值體系與文化的影響，深深地影響了運動的發展。唯有國民表現出運動的愛好，在追求突破自我的競爭態勢下，才能培育出世界一流的運動員。

二、每個國家奪金的優勢項目，關鍵因素在精不在多，且必須有群聚效應。如中國的跳水、體操、舉重、桌球與射擊，日本的體操、柔道與角力及韓國的射箭與跆拳道。各國在其優勢項目上，不僅奪金，且銀、銅皆得。這顯示在優勢項目上，必須有相當數目的頂尖選手，才能產生「群聚效應」。選手在競爭的環境下，彼此既競爭又合作，不但在競技的技術與心理素質上精益求精，可穩奪奧運的金牌，亦可包辦銀、銅。二〇〇〇年雪梨奧運，韓國的跆拳道四名選手，奪得三金、一銀，就是掌握到核心競爭項目，得以成功的實證。

發掘具有潛力的運動員以產生群聚效應，並培養優秀教練，運用科學與創新的知識，以創造奧運奪金項目的核心優勢。

第5堂 金牌教練成就金牌選手

成功＝艱苦勞動＋正確方法＋少說空話。——愛因斯坦（Albert Einstein）

想要贏得奧運金牌，就要學習奧運金牌的訓練方法。

我認為尋訪奧運金牌教練是首要任務。因為教練的訓練理念與方法，絕對是決定運動員在奧運競技場上勝負重要的關鍵。

然而，什麼樣的教練，才是勝利的教練？

全美頂尖的運動心理學家——歐吉爾凡博士和塔克博士，曾研究過六十四位傑出的運動教練的性格，得出勝利教練的最重要特質：極肯虛心受教。

這類人的行為表現在：一、易於接受指導；二、重視創新，並能夠從別人的意見中形成自己的獨特看法；三、守紀律與組織能力強；四、熱切追求巔峰經驗，成功取向的人；五、具有堅毅不拔的耐力。

美式足球NFL的頂尖教練登恩．許特，將他的教練哲學與訓練理念以「C.O.A.C.H.」表達出成功的五項秘訣：

Conviction－Driven（堅定的理念）：為了正確的理由，作正確的事。

Overlearning（精益求精）：注重細節，並不斷追求更好的成果。

Audible－Ready（隨機應變）：充分準備了解計畫，設想「萬一」，預測變化，以能夠隨機應變。

Consistency（一致性）：根據運動員的表現好壞，做相對的反應。正確時，要鼓勵；錯誤時，一定要指正。

Honesty－Based（誠實）：為人處世，以誠實為基本原則。

我在二〇〇二年擔任綜計處處長時，就體認到教練是影響競技運動水準的重要關鍵，即提出了「菁英教練計畫」，選送了國內優秀的教練到國外學習。棒球教練送到美國大聯盟的水手隊與古巴國家隊，成員有李來發等人；射箭教練送至澳洲，接受金牌教練李啟式的教導，成員有湯金蘭、施雅萍、林振賢等人；跆拳道教練送至韓國，成員有劉慶文等人；射擊教練則送到美國科羅拉多泉奧林匹克中心。

另外，為了盡快全面提昇競技運動的水準，開放臺灣體育大門，讓教練與選手融入國際化的大格局中，我盡力聘請金牌教練到國內，借重他們的專才培訓國內選手。

我們曾邀請了一九八四年美國體操的金牌技術總監馬斯、澳洲射箭教練李啟式（曾訓練了奧運七面金牌的教練，他以不到三年時間，訓練了雪梨奧運金牌的西蒙）和中國大陸三名射擊金牌教練（三人共訓練了七十多面世界杯及奧運金牌）。

我觀察他們在臺灣訓練教練與選手的態度、專業知識與技術，皆是世界級的水準，值得強調的是，他們所傳授的技術，臺灣的教練大都會了，但是，差別在於態度。他們不約而同的強調：正直、堅持、自尊，和正面思考的重要性。

我們藉由體操學員的訓練心得報告，了解到金牌教練的訓練態度的影響：

「第一次會議裡要求我們寫計畫書，要我們明明白白的了解自己練了什麼，並不是每天混日子。也在之後的會議告訴體操選手應有的思想，如生理的回復、心理的建設、如何克服恐懼、基本動作的作法，以及如何成為一位優秀的運動員等。」

「讓我印象最深刻的一次，是在他生病的時候，我看著他虛弱的身體，還堅持看著我們訓練，像這樣專業的精神讓我很感動。」

「對我們的潛力很有信心，不但教我們技術，還教我們成為好選手應做的事。」

「他不會對選手發脾氣，還不斷用鼓勵方式對待。」

由教練的回國報告及金牌教練的訓練內容，確定了奧運金牌訓練的內涵：要有堅定的理念，秉持奧林匹克精神，追求金牌的榮譽。訓練態度應是精益求精、好中求好，不斷地超越自己，而且必須有完整的計畫，以提昇教練與選手的應變能力。

同時必須一致性地在選手表現優異時，大聲鼓勵，選手犯錯時，不要遲疑地給予指正，但不要傷害他們的自尊。

我們要以誠實的態度，追求勝利，即使結果可能會遭遇失敗，也絕不以運動禁藥和任何不正當手段換取成功。

第6堂 金牌選手視痛苦為友

人在意志力和鬥爭性方面的長處或短處，往往是導致他們成功或失敗的重要原因之一。

——湯瑪斯．哈代（Thomas Hardy）

每屆奧運，計有一萬多名世界頂尖運動員參與，只為爭得三百零三面金牌。然而，唯有頂尖運動員才能夠贏得金牌，站在受獎台中間，代表著最高榮譽的位置上，接受全世界的歡呼與讚美。當奧林匹克運動場中，揚起國歌的音樂時，國家與運動員同享驕傲與榮耀。

奧運金牌與銀牌得主的差異是什麼？我深入研究奧運金牌運動員的相關報導與文章，閱讀有關運動心理的論文，有系統的分析相關資料。當分析了二十多位奧運金牌的運動員成功的故事後，發現他們都具有以下的特性：夢想、自尊、紀律、願景、堅持與決心。

前述特性都是一名優秀運動員應具有的心理素質。但是，奧運金牌選手不僅需要有優秀運動員的特質，更需要有生命的承諾，才得以在四年一次的奧運中得勝。因為世界錦標賽的冠軍或世界紀錄的創造者，都不能保證能贏得奧運金牌。

唯有以生命承諾的運動員，才有機會問鼎奧運金牌；只有敢於夢想奧運金牌的運動員，才能點燃心中的火焰，在強烈的慾望驅策下追求夢想，促使他們不斷超越自己，專注於目標，擁有「雖千萬人吾往矣」的氣概，不為任何障礙阻撓，直到成功地達成目標。

這樣以生命承諾激發出的強烈慾望帶動意志，才可以克服肉體的痛苦、超越自己的極限，達到「高度表現」，因此才能得到勝利。

丹尼斯・魏特利（Dennis Waitley）曾訪問五名前美國奧運十項運動金牌得主，發現他們的目標就是締造個人最好的成績，這些選手是從肯定自我與發揮自我潛力當中，尋得成就感。這些金牌運動員得到奧運金牌的秘訣是，把個人的表現和自訂的標準相比，而不是和別人的表現相比。也就是說，他們所獲得的奧運金牌是對自己生命的承諾，不斷地自我競爭的金牌，而不是與外界競爭的金牌。

與自己競爭的成長經驗中，金牌運動員視痛苦為友，將痛苦當作一種學習經驗。

魏特利以一九八〇年奧運期間，他參與訓練澳洲划船選手為例，發現每次接近終點時，就有人肌肉抽筋，因為操槳的速度由每分鐘六十下，增加到六十四下時，所引發的痛苦幾乎到了無法忍受的地步。教練認為這樣想奪標是不可能的。

魏特利教導選手，把痛苦視為一種成長經驗，將痛苦視為朋友，由期望帶動意志，產生內分泌止住痛楚。經過實驗後，一直到奧運比賽終了，沒有人再發生肌肉抽筋了。

「視痛苦為友」，只有以生命承諾才能夠做得到。我們可由下面的例子得以證實：巴特．柯納（Bart Conner）在一九八四年奧運贏得兩面金牌，他在奧運前六個月，在比賽時手臂骨折受傷後，取出了四十二塊小骨，仍以堅定的意志迅速復健，以最後一名入選國家代表隊，再進而奪得奧運金牌；一九八〇年，傑夫．巴雷尼克（Jeff Blatnick）因美國抵制蘇聯，無法參加奧運，深覺遺憾，後又罹患了癌症侵襲他的脾臟與淋巴結。他要贏得金牌的決心，不但力克了癌症，且在一九八四年奧運，比賽的最後一秒，以兩分之差贏得奧運金牌。巴特與傑夫都是以生命的力量，克服了環境與生命的限制，圓了一生的夢想。

奧運金牌的秘訣，不僅是在於體能與超凡的技術而已，而是在於運動員對於自己生命的承諾，不斷超越自己，突破任何阻礙。對金牌運動員而言，困難是不存在的，因為他們胸中的火焰，是求勝的動力，可以將所有的阻礙化為灰燼。

生命的承諾，是勝利者的思維。奧運奪金的路上，最重要的工作，是點燃運動員胸中的火焰，讓他們追求自己生命中的巔峰目標。

第7堂 挑戰自我 設立膽大包天的目標

成功的奧秘在於目標的堅定。——本傑明・迪斯雷利（Benjamin Disraeli）

當一個人一心一意做好事情的時候，他最終必然會成功。

——雅克・盧梭（Jean-Jacques Rousseau）

志在奪得中華民國奧運第一金，是我最初設立的目標。

但是，尋找金牌選手的過程，發現如果只鎖定一位優秀的運動員，壓力可能會壓垮這位選手。

我們既然已鎖定了跆拳道、射箭與射擊為奪金優勢項目，我們就應該全力發展這三項，不僅是志在一面金牌，而是全力包辦這三項所有的金牌。例如韓國在二○○○年雪梨奧運跆拳道項目贏得三金、一銀的成功策略，就值得我們學習。所以，我們必須延攬最好的教練，投入最佳的運動科學團隊，發展出世界最頂尖的訓練模式，才能夠在雅典奧運異軍突起，成為世界上跆拳道、射箭與射擊最具競爭力的國家。

詹姆斯・科林斯（James Collins）和傑利・薄樂斯（Jerry I Porras）的研究指出：世

界最成功的長青企業都會設下「膽大包天的目標」。因為，這種目標可以促使大家團結，可以激發所有人的力量，形成進步的驅策力。有鑑於此，在我們行政團隊的內部會議中，設定了跆拳道四金、射箭四金（男女個人與團體項目）及射擊二金的目標。

我很清楚，十金的目標傳出去，一定會被許多人當作笑話。但是，這膽大包天的目標一定可以刺激跆拳道、射箭與射擊的競爭力的快速提昇，也可以激發教練與選手奮力求金的勇氣與決心。行政團隊、教練和選手們一定會獻出所有的精力和創造力，以追求勝利奪標。

在膽大包天的目標驅策下，我們視每位選手都是金牌選手，訓練的標準，以超越奧運紀錄的成績為基準，藉以培養選手的自信心，以期在奧運場上展現出實力與奪金霸氣。

十金的目標，達成的機會不高，失敗的機會極大。但是，只要有百分之一的機會，我們都要以百分之一百一十的努力達成目標。

我心中時常想到的是成功的可能，沒有一絲擔心失敗的恐懼。

老羅斯福總統曾說過：「嘗試偉大的事情，以贏取光榮的勝利。即使遭遇到失敗，也遠勝過那些既不能盡情享受，也不能承受多少痛苦的可憐蟲，因為他們只活在不知戰勝和敗退為何物的灰色日子中。」

當我每次看到這一段話，就覺得熱血沸騰。我深為自己慶幸，在這關鍵時刻，能夠參與奧運金牌奪金的工作。我願意嘗試任何事情，幫助運動員在二〇〇四年雅典奧運贏取光榮勝利，寫下我國體育史嶄新的一頁。

雅典奧運開幕典禮，中華代表團進場，我很榮幸能夠與我國優秀運動員一起繞場一周。

第8堂 有效運用資源就是創新

多一點堅持，多一點努力，看似沒希望好轉的失敗，可能轉為光榮的勝利。除非不願繼續嘗試，沒有所謂的失敗；除非內心先承認，沒有所謂的戰敗；除非達成目標的固有意志薄弱，沒有真正無法克服的困難。——阿爾伯特．哈伯德（Elbert Hubbard）

經費不足是我在體委會工作五年，最常聽到的一句話。

二〇〇〇年奧運與二〇〇二年亞運，體委會、體育團體、教練與選手們常為經費問題，相互抱怨與指責，也是在賽會後最常聽到的失敗理由。

奧運體操金牌夫婦娜蒂亞．柯曼妮絲和巴特．柯納的金牌策略中的「運用你所有的資源」，和管理大師彼得．杜拉克所指的「創新，是讓資源有效的運用」不謀而合。

我們必須認清奧運培訓的過程中，所謂的資源不足不應僅是金錢而已，其中應該包括了知識、創造力、動機、重要夥伴、團隊精神與紀律。

我們可透過策略、組織、流程和人力，重組資源，使資源的運用更有效率。策略上採取聚焦於具有奪金的項目，因此資源就必須聚焦於跆拳道、射箭與射擊三項。

工作流程上，認清出場比賽的是運動員，因而所有的資源必須集中在運動員的需求上。組織上，體委會不應是個支配經費的上級單位，而應與奧會、單項協會等體育團體成為工作夥伴，彼此共同的責任只有一個——幫助選手成功。

因此，我常問自己：「我們的金錢、時間、精力確實發揮了效用嗎？」我在經費的應用，完全是以目標導向，在奧運資格賽與培訓經費，我絕不會讓教練與選手有不足的感覺。

「不要擔心錢」與「你還需要什麼資源？」是我有名的口頭語。

四名跆拳道選手參加奧運資格賽時，就有教練、陪練員、防護員、運科人員與情蒐小組等三十多名人員陪同。同時，我要求賽後，應該讓選手與教練參觀巴黎與羅浮宮，接受藝術之都的薰陶。中華棒球隊參加奧運資格賽時，日本職棒不願意參與陪練，我們與棒協立即決定馬上將參加古巴世界盃的二軍，調到日本參與練習。

這些「大手筆」做法，有人說我是「砸錢辦事」。但是在二〇〇三年的年度經費結算時，仍節餘了四千多萬元。這證實了當我們有了明確的目標，改善了工作流程，建立了團隊榮辱與共的精神，不但資源可有效的運用，而且外在的資源滾滾而來。

二〇〇四年奧運會前，國營事業贊助了一千兩百萬元；白蘭氏雞精贊助了產品與提供黃志雄和朱木炎獎學金，都鼓舞了中華隊的士氣。

在此，我特別要強調有三項「無形」，但是「無價」的資源投入，對我們奪金有相當正面的影響：

一、專業知識的整合：行政團隊中體委會前副主委兼國訓中心主任林德嘉先生的運動專業、熟悉跆拳道生態的專門委員洪志昌先生，以及具射箭國手背景的科長許馨文小姐、運動生物力學的相子元教授、運動心理學的季力康教授、洪聰敏教授和運動生化的徐台閣教授等人的知識整合，對跆拳道與射箭的水準提昇，有很大的幫助。

二、運動員身心的發展：心理因素是決定勝負的關鍵。過去我們習慣強調的是技術與體能，從未在提昇選手的心靈著手。長庚生物科技董事長楊定一博士，親自針對每一位選手，教導如何正確的飲食以改善身體組成及如何感恩，以提昇心靈的力量。我觀察四位跆拳道選手平日的行為，都存有謙卑與感恩之心，即使是在奪得獎牌之後，亦無驕矜之心，並且以參加公益活動為職志，這是很可喜的現象。

三、國際奧會的支持：跆拳道在賽前，教練與選手最憂慮的是裁判不公的問題。國際奧會委員吳經國先生在賽前向國際奧會主席羅格先生說明跆拳道比賽時，裁判不公將影響公平競爭，違背奧運精神甚鉅。國際奧會特別指派了吳委員督導跆拳道的比賽，跆拳道總會會長亦向吳委員保證，一定有公平的賽事。我認為這對跆拳道奪金有極大的幫助。

在我們有效的重組資源，成功地達成了奪金的目標，我深深體會到創新的真意，是讓資源有效運用。而且，人力資源中的「無形」資源——知識、態度與團隊精神的重要性，遠遠超過了金錢的「有形」資源。

第9堂 執行力 決定奪金策略的成敗

我把自己的成功歸功於——從不尋找或接受任何藉口。

——佛蘿倫絲．南丁格爾（Florence Nightingale）

我們有了好的「奪金計畫」目標與策略，也就是有了計畫與做法。但是，要成功必須發揮執行力，才能造成改變，產生實效。

全美職業美式足球贏球場次最多的教練登恩．許樂（Don Shula）指出：「設定目標很重要，但是達成目標比設定目標還來的重要。」贏的教練在設定目標與策略後，就盡心盡力地訓練球員，注意每一個細節，追求完美的練習。要贏得每一場球賽，就須先制定詳細的計畫，在練習的日子裡，則依需要調整計畫，踏實地履行計畫，向目標推進。

由許樂的觀點和他訓練的計畫與做法，就是發揮執行力，做好監督與追蹤，達成了最佳效益，使他的球隊成了常勝軍。

亞運時，看到我國選手在競技場上落敗時的失意與落寞，我心理很難過。只因我們的訓練不良，使選手們沒準備好，導致他們吞下失敗的苦果。因此，我了解到，我們不是坐在會議桌上，討論計畫與研擬策略，就可以讓選手在奧運競技場上贏得勝利，而是必須要能夠確實發揮執行力，有紀律的完成計畫要做的工作，一點一滴地提昇選手的實力，才能夠幫助選手成功。

舉例來說，射箭選手在奧運資格賽時，落後冠軍選手達三十分之多，團體與個人排名皆落在十名之外。於是，我們針對射箭做了專案的運科研究，深入分析問題的核心，運用精確的科學資料，了解每位選手的生理、心理與技術上所有的每個細節，以能落實在選手的培訓與競賽上。又模擬了奧運競賽時的實境，以觀察對選手的影響。經過重複實驗後，找到了對的訓練模式，所以才能順利幫助選手在雅典奧運創下歷史性的佳績。

當我們研擬了贏的策略之後，我做的第一件事，就是要求我們的行政團隊必須研讀包熙迪（Larry Bossidy）與夏藍（Ram Charan）的《執行力》一書，並且視執行力為我們最重要的工作紀律，因為沒有執行力，哪有競爭力。這樣的作法幫助我們團隊共同建立了正確的工作理念。我們是以「選對的人，去做對的事」；非常注重坦誠與溝通，避免開冗長而無效的會議，把時間與資源都投入在選手身上。我們都有共同的認知——幫助選手成功是我們的職責所在。

至今，我認為發揮執行力是雅典奧運贏得金牌的關鍵。因為有了執行力，才能造成改變（make it difference），有了改變才能讓美夢成真（make it happen）。

奧運奪金計畫策略的執行，由行政院體育委員會負責，時任專門委員的洪志昌先生（右一）負責跆拳道，許馨文科長（左一）負責射箭。

第10堂

堅定理念 做正確的事

道德教育成功的「秘訣」在於，當一個人還在少年時代的時候，就應該在宏偉的社會生活背景上給他展示整個世界、個人生活的前景。

——蘇聯教育家 蘇霍姆林斯基（Васи́лий Алекса́ндрович Сухомли́нский）

「理念是什麼？」「它的影響又如何？」美式足球頂尖教練登恩・許樂（Don Shula）認為：「你會是成功或是失敗，就看你怎麼回答這個問題了。」正因為理念會影響到作為，如果你要球隊成功，就必須先暫時把球技與戰略擱一旁，先徹底檢視你的理念：「你相信什麼是對的？什麼是真的？」因為，理念會操縱我們的邏輯。

身處團隊當中，每一名教練與球員，都必須知道什麼是對的？什麼是錯的？什麼是好的？什麼是壞的？什麼是能做的？什麼是不能做的？全都是以理念為準則，有了明確的理念，我們才能對自己、對別人誠實，共同走向大家都期望的方向。

中國奧運跳水冠軍田亮被國家隊除名後，國家跳水隊教練周繼紅遺憾地說：「從目前看，田亮還是沒有認識到自己的錯誤。」

周繼紅強調為了愛護運動員，多次溝通與規勸，但是沒有見到田亮實際改過的行為，才不得不採取除名的斷腕措施。因為「他破壞了體育總局和團隊的規章制度，他沒有想到給隊裏的其他隊員會帶來什麼影響，作為一個優秀運動員，應該為年輕選手作榜樣，起帶頭作用。」

我非常了解周繼紅作這個決定的心情，一定是非常難過，但也是非常堅定的。在二〇〇三年奧運培訓期間，有幾位教練與選手因違反了國訓隊的規範，也不得不將之除名。因為，我們了解如果沒有堅定的理念，是無法凝聚教練與選手的力量，共同為奪金目標而奮鬥。

國際知名的管理顧問，也是《一分鐘經理人》的作者，肯．布蘭佳（Ken Blanchard）指出：「有堅定理念的領導者，會為了正確的理由，去做正確的事。當團隊有了方向與行為準則，就會有好的表現。」

我們的理念是什麼？奧運奪金是我們的目標。我們知道卓越的運動員與團隊的培養，正如成功的個人與成功的企業是一樣的道理，成功是沒有特效藥與捷徑的。唯有讓運動員在高標準的訓練與比賽中，培養出自尊、自律、謙虛與勇氣的心理特質，去接受所有的挑戰，激發出堅強的意志面對逆境，不斷的超越自己，打造成功的基礎。

選手奮鬥的過程中，也灌輸他們奧林匹克精神美好的一面，其意義不僅是一面金牌，而是人類求真、求善、求美的精神境界。

我們培訓選手的過程中，必須教導選手秉持品德，達到頂尖之境。讓他們了解，成功正如人生的燈塔，能照亮人類的靈魂，指引人生的方向。

以理念作為行為的天秤，我們為運動員的成功全力以赴，同時傾聽與觀察運動員的需求，並提供最卓越的服務。

幕後英雄的行政團隊，總領隊林德嘉先生（左二）、奧會副主席蔡賜爵先生（右二）、總幹事陳士魁先生（左一）、作者（右一）的合作無間，使中華奧運代表隊有了最輝煌的成果。

第11堂 謙虛受教 跨出舒適圈

凡是自強不息者，最終都會成功。——歌德

《從A到A⁺》的作者柯林斯（Jim Collins）指出：「優秀是卓越之敵」，正是臺灣奧運零金的本質。我們的問題出在我們可以培養出「優秀」的運動員，但從未培育出「卓越」的運動員。

「臺灣參加奧運從未得到金牌的問題出在哪裡？」我們曾邀請韓國籍的奧運金牌射箭教練李啟式到臺灣指導教練與選手。當我提及二〇〇二年贏得亞運金牌的袁叔琪有實力得到奧運金牌，李啟式先生直率地指出：「袁叔琪的水準，韓國有一百名以上的射箭好手超過她。」

李教練一針見血指出了我們常會為贏得亞運金牌就志得意滿，就自認為有問鼎奧運金牌實力的缺點。

如何幫助選手們成為奧運金牌運動員？李啟式簡單的一句話：「要教練與選手『謙虛受教』（be coachable）。」

曾任美國奧會醫療委員會心理學的主席丹尼斯．魏特利（Denis Waitley）指出「謙虛受教」的特質表現在三個方向：

一、易於接受指導：這類人有良好的人際關係，但不會盲從，會信任自己的判斷，會接受領導人的決策。

二、自我方向強烈，有追求個人詮釋自由的動力：這類人喜歡創新，能夠從別人的意見中形成自己新的看法。

三、對紀律與組織有極高的忍受能力：即使不是心悅誠服，但會尊重組織的紀律，依著既定的訓練時間表、訓練內容與份量及其他令人不愉快的需求。

一九八四年洛杉磯奧運游泳項目三金、一銀得主南絲．赫格雪德（Nancy Hogshead）也認為「謙虛受教」是一位卓越運動員的基本態度，也是任何一個人要由「優秀」走向「卓越」的成功要素之一。

南絲指出許多人都說要找好教練，但是很少人反省自己是否「謙虛受教」。所謂「謙虛受教」是：同意教練要求你去做最好的。當你有很高的理想目標，就必須跨出自己的舒適區，讓教練幫助你。

我們在雅典奧運跆拳道項目，能夠贏得二金、一銀的佳績，我的觀點是：跆拳道的教練團不斷地提昇訓練的要求，選手朱木炎、黃志雄、陳詩欣與紀淑如都是「謙虛受教」的典範，他們都是盡全力的使自己由「優秀」到「卓越」的運動員。

作者與奧運金牌得主朱木炎、陳詩欣合影。

第12堂 卓越來自承諾

成功的奧秘在於目標的堅定。——本傑明．迪斯雷利（Benjamin Disraeli）

射箭金牌教練李啟式先生離台前夕，我們請教他，臺灣的射箭選手中，哪一位選手最有潛力奪得奧運金牌？李教練未提及袁叔琪、陳詩園及王正邦等國內頂尖好手，而是由相片中指出劉明煌說：「在技術上，他是準備好了，但是在心智方面，仍有待觀察。」

聽到李啟式認為劉明煌的射箭技術水準已具有奧運金牌的潛力時，我們都非常訝異。因為劉明煌在國內男子組的排名，連前八名都未進入，何況是奧運金牌。

我請教當時兼任國家運動選手訓練中心主任的體委會副主委林德嘉先生有關劉明煌的問題。據林副主委的觀察是，劉明煌在學業上的成績與自信心方面仍需要加強。

我另由運動科學組的報告中，也發現射箭選手中，普遍地有自信心不足及動機不強的現象，甚至有選手因為壓力而造成失眠，也有選手因壓力及心理調適的問題，想離開國訓中心。

因此，提昇運動員的心理素質，就是當時的主要工作了。除了請運動科學組加強心理諮商與輔導外，我蒐集有關奧運選手心理相關的書籍作為輔導的參考。

一九八〇年代擔任美國奧會醫療委員會的魏特利（Denis Waitley）專門研究勝利者心理因素，並將研究結果運用在美國運動員身上。

他所著的《志在奪標（The New Dynamics of Winning）》一書，很具有參考價值。魏特利研究美國頂尖選手的心理因素對比賽表現的影響。選手們都認為，一旦體能狀況良好的，百分之七十到百分之九十的表現都取決於心理因素；而提昇運動員心理素質的關鍵在於運動員是否「全然的承諾」。

美國奧會要求有潛力參加奧運的選手都必須參加一項筆試，以了解選手的「承諾」程度。研究結果證明了選手的承諾度與奧運成績有深切的關係。

承諾度高的選手都願意「精益求精」與「虛心受教」，願意接受更長、更艱苦的訓練，結果在奧運表現大都有很好的成績。但若是承諾度低的選手，則是成績低落，失望而歸。

在二〇〇四年二月期間，在國訓中心參與培訓的我國奧運菁英選手，有不少選手對奧運的「承諾」程度不高。除了請教練與心理的運科人員加強輔導提昇選手的心理素質外，我特別將魏特利著的《志在奪標》一書，提供給教練與選手閱讀，希望選手們能夠從書本中得到啟示，並且能發展出勝利者的特質。

我相信只有選手想清楚自己追求奧運金牌，對於自己生命有何意義，才有能力激發決心與毅力的內在泉源。

當他們定下了承諾，成就會緊隨而至，因為，他們願意為奧運金牌付出任何代價，使自己由「優秀」走向「卓越」。

第13堂 肯定內在價值，成就最大贏家

我年輕時注意到，我每做十件事有九件不成功，於是我就十倍地去努力幹下去。

——蕭伯納（George Bernard Shaw）

「越想贏，越是沒有辦法贏！」黃志雄回憶他在雪梨奧運時的經驗。

二〇〇〇年雪梨奧運，原預期跆拳道選手黃志雄有機會贏得奪金，結果，黃志雄只贏得銅牌。為了從失敗中學習，我請教黃志雄問題出在那裏？

當運動員的心中只想求勝時，就會陷入競爭的漩渦中，情緒會受對手的強弱及成績領先或落後影響，導致無法獲勝。

魏特利（Denis Waitley）認為奧運金牌的勝利者的秘訣是：「你必須先是個內在的贏家。」所謂「內在的贏家」是能夠認知自己的內在價值，而又能以它為基礎，達成任何目標的人。

當心中只想打敗對手時，就已經受到外物所役使了。我們會因對手的強弱而感到威脅或是鬆懈。一位具有「內在贏家」特質的運動員，不會因一時失利，而失去信心，他會在錯誤中學習，競賽過程中，他不會將心志放在競賽勝敗的結果，而是自己在競賽中，全力的投入，

並且享受競賽中的過程，越是遇到具有挑戰的對手，越能激發出自己的潛力，可以在競爭中，不斷地超越自己。

各國頂尖選手都在奧運競技場上奮力求勝，追求卓越的過程中，激發出人類天賦的潛能。奧運金牌運動員知道競爭的意義不是打倒別人，與別人一爭高下，而是在競爭中學習，在奮鬥的過程中，不含憤怒、怨恨、自嘲，而是能發自內心愛自己，愛自己的運動，並將愛傳給別人。

丹・傑森（Dan Jansen）是競速滑冰項目打破五百公尺三十六秒紀錄第一人，曾贏得十二次世界冠軍。但是，大家對丹・傑森的印象，不是他的競賽成就，而是他面對競賽的決心與毅力。

丹・傑森自一九八四年起參加冬季奧運，第一次參加只名列第四。在一九八八年是最被看好會贏得金牌的選手，但他在賽前得知妹妹因病去世的消息衝擊下，使他在競賽中時跌倒了。然而四年後的奧運，又再度跌倒失利。

第四度參加冬奧時，在他最拿手的五百公尺項目又再度滑倒。所幸，他終於在一千公尺的競賽項目，不但贏得金牌，而且打破了世界紀錄。

丹・傑森認為可以從競爭的勝敗中，學習到他人生中有用的一課：任何運動或事業成功，競爭都是有必要的。但是只要了解競爭的本質，並清楚了解你競爭對手的優缺點，但不要陷入競爭中，也不要憂慮及想去打敗你的對手。太在乎你的競爭對手，會失去努力的目標。

訓練奧運選手時，必須幫助他們認識自己的內在價值，追求自己的目標，成為「內在的贏家」，能夠面對奧運激烈競爭，就成了我們的重要任務。

第14堂 閱讀——打開心靈的鑰匙

一間沒有書的屋子，有如一個沒有窗戶的房間。——摩爾

閱讀一本好書，正如有一把可以開啟我們心智的鑰匙。

運動員要具有「內在贏家」的特質，我認為必須藉由閱讀一流的書著手，我非常欣賞天下文化的「讀一流的書，做一流的人」的理念。

英國政治家兼小說家威廉．谷德文（William Godwin）認為：「喜歡閱讀的人，可以掌握任何事務。」我深信此理。我們在閱讀中，可以感受到作者傳送的訊息，因而影響自己的思維，而從其中學習成長。因此，會自強不息，成為「內在的贏家」。

我尋找世界頂級運動員的傳記或成功故事，挑選了紀政的《永遠向前》與藍斯．阿姆斯壯的《重返艷陽下》兩本書，指定奧運培訓選手閱讀，並且要求寫心得報告。希望選手從閱讀中，充實自己，了解到偉大的運動員的奮鬥過程與面對勝利及失敗的心路歷程，將這些融入自己的心中，而立下有為者亦若是的決心。

紀政是歷史上第一位在一百公尺項目，跑進十一秒的女性運動員。她曾打破了三次世界

紀錄，也曾贏得奧運銅牌。但更重要的是，她不僅在運動場上是優秀的運動員，也有成功的人生。我認為紀政的奮鬥歷程與面對挫折與挑戰的勇氣，能照亮選手的心靈。

藍斯・阿姆斯壯罹患了末期睪丸癌，治癒的機率不超過百分之五。但是他不但克服了病魔，還贏得七次舉世公認最艱難的環法自由車賽。藍斯期望他奇蹟式的康復過程以及如何東山再起的經驗，讓大家了解到他的信念與堅持，及對生命的意義與價值。

這兩本書都是卓越運動員的故事，我們可以在書中得到生命的啟示。我希望選手在閱讀中，能把作者的認知和信念，融入在自己的思維裏，使自己的視野更廣闊，內心更有理想的情懷。

據我了解，閱讀確實打開了運動員的心靈，朱木炎等多人都有很精采的讀書心得。例如，我們可由黃志雄的心得了解到閱讀對他們的影響：「自由車選手藍斯・阿姆斯壯抗拒病魔，重返榮耀的經過，對我啟發許多。我覺得一位成功的人最值得讚揚的絕對不是他有多成功、賺了多少錢或是地位有多崇高，而是精神，是信念，這樣的信念也是我一直努力秉持，我相信無論結果如何，最重要的是要對得起自己。

我想其中的信念是值得推崇，也是其精髓所在。對於我個人而言，我有健康的身軀，機率也高於阿姆斯壯，所以我更沒有任何遲疑，我相信我可以做到。」

黃志雄之所以由第一量級改成第二量級參賽，因為他肯定朱木炎有足夠的實力在第一量級拿到奧運金牌。雖然，要面對更強壯及體型更高大的對手，奧運奪金的機會由百分之八十降至只有百分之二十的機會，但黃志雄都有勇氣一搏。因為，藍斯·阿姆斯壯的信念鼓舞他有能力面對任何挑戰。

我們在黃志雄身上看到了具有「內在贏家」特質的運動員。

第15堂

奪標的成功思維

成功者必須有理想（Conceive）和信念（Believe）後，他就會將理想予以實現（Achieve）。

——奧運十項全能金牌　密爾特・坎普貝爾（Milt Campell）

二〇〇四年春天，大家都在歡喜迎接農曆春節之際，跆拳道的教練與選手正在國訓中心苦練，準備奧運亞洲區的資格賽。

辛勤的苦練迎來豐碩的成果，陳詩欣以第一，黃志雄與紀淑如兩人皆以第三名，取得了奧運的門票。

我們設定奧運奪金的第一階段目標，爭取奧運滿額參賽權，跆拳與射箭都達到了目標。但是，射擊則是未能達到再爭取三至五名奧運參賽權的目標。我認為問題出在參賽選手缺乏了成功的思維與志在奪標的決心。

我曾有系統地分析了奧運金牌運動員的思維與成功因素，再與我國奧運培訓與爭取奧運資格賽的努力作一比較。我發現在競技場上，得到成功與遭遇失敗，所耗費的精力相差不多。但成功者一定有其成功的人生哲學，成功或失敗都是在於個人的選擇，要成功就必須要奮力追求，若不如此，一定會在失敗中喪志。

前美國奧會運動醫療協會心理學召集人魏特利（Denis Waitley），多年研究高度成功者，研究發現成功和不成功者的最大不同在於三個因素：

一、成功者執著於夢想，即使一無所有，仍不改其志。

二、成功者把夢想轉化為具體目標與計畫，並訂下執行的時間表。

三、成功者努力執行計畫，直到目標達成。

奧運金牌運動員幾乎都具有成功者的特質，而且，追求奧運金牌成功的思維與技巧，也可以運用在人生中。事實上，多數的奧運金牌運動員，不但在運動上有卓越的成就，在現實人生中，也有卓越的事業成就，有的成為律師、公司負責人，或是擔任運動節目主持人及評論家。

密爾特・坎普貝爾（Milt Campell）在一九五六年贏得奧運十項全能金牌，他成功的思維是：「成功者必須有理想（Conceive）和信念（Believe）後，他就會將理想予以實現（Achieve）。」一九八四年洛杉磯奧運拳擊金牌保羅・宮查爾（Paul Gonzales），亦認為成功的思維是他成功的重要因素。

我們將成功思維稱作成功的「三步曲」：

第一步，理想：無論你的生活目標是什麼，必須要慎重評估其可達成的程度。你必須很清楚地了解自己的目標，一但確定了目標，就將所有的時間與心力投入，堅定地依自己的時間表完成目標。

第二步，信念：在努力達成目標過程中，難免會遭遇到挫折，但是越是處在困境，越是要愈挫愈勇，從失敗中記取教訓，只有強烈的求勝意志與信念才會有機會成功。

第三步，實現：要成功就要付出代價，唯有含淚播種，才能含笑收穫。任何運動員要奪標，就必須接受高標準的訓練。要在奧運比賽的正確時間，使自己的體能、心智、技術都能達到高峰，就必須不斷地去參加世界大賽，面對頂尖選手的挑戰，在競爭中成長及提昇自己的心靈，肯定生命的意義，這才是成功的真義。

二○○四年中華隊奧運奪金重點項目，不論是選手、教練與行政團隊，大家都必須有「成功的思維」，明確知道雅典奧運是「志在奪標」，而不是「志在參加」，才能夠實踐設定的目標。

第16堂 自尊——成功的基石

自尊心是一個人靈魂中的偉大槓桿。——別林斯基

一個人要有成功的思維，必須先具有「自尊」才行。我國的運動員在培訓過程中，多數人有缺乏自信及呈現焦慮的現象，且在重大賽會的關鍵時刻，會有失常的表現。這是因為運動員是在害怕或是在競賽中犯了錯誤，而不斷自責，就陷在焦慮的漩渦中。即使世界頂尖的運動員在關鍵時刻也會失手，是因為他認為必須在各種場合，盡心表現完美，將自己的成就放置在他人的評價中。這種負面信念，往往對運動員的競賽實力有毀滅性的影響。

曾贏得一九八八年漢城奧運金牌、一九九六年亞特蘭大奧運銀牌及二〇〇〇年雪梨奧運銅牌的傑出桌球選手陳靜，我請教她奧運金牌選手最重要的特質是什麼?她明確地指出：「自信是最起碼的，肯定自己才能面對挑戰。」

魏特利（Denis Waitley）指出：「決定一件事的成敗，自尊是關鍵性的因素」。分析了奧運金牌運動員的特質之後，我也認為自尊是卓越運動員最主要的特質。

尊重（esteem）一字源自拉丁文的意思，是「給予高度的評價（to value highly）」。

「自尊」是對自己有高度的評價，而平日能夠把自己的天賦發揮在生活與工作中，且能欣賞自己的價值，享受自我實踐，長期注入心靈深處，對自己有自珍自重的感覺。

擁有自尊的選手，每天把自己的特質帶進生活、工作、訓練、比賽，從其中學會欣賞自己，認為自己擁有獨特才華與能力，肯定自己的價值。

有自尊的人相信自己可以扭轉乾坤，這種正面思考，可使他克服現實生活的挫折、限制、壓力甚至是敵意，可轉化恐懼、消極與危機。

面對世界頂尖高手的挑戰，必然是困難重重。但是，有高自尊的選手，不管發生任何事，不管情勢如何不利，都會以平靜與勇敢之心，把困難化為再創造的機會。因為卓越的選手在平日已養成自尊心態，喜歡自己、支持自己、提醒自己會是達到成功目標的人。這種心理素質，增強內在的韌性，這是優秀選手在高度競爭環境下，立於不敗之地的先決條件。

自尊的培養是必須在鼓勵的環境中成長，「完美十分」的羅馬尼亞小精靈娜蒂亞・柯曼妮絲（Nadia Comaneci）與巴特・柯納（Bart Conner）兩位奧運金牌運動員也都認為自小學習體操，因父母及教練的不斷鼓勵，使他們在練習與競賽中，能夠欣賞自己，建立了他們的「自尊」。使他們不但在體操運動上有卓越的成就，而且是他們人生路上最重要的資產。因為當你自己明白，成功之鑰掌控在自己的手中時，是可以追求任何夢想的。

奧運培訓的過程，我們的訓練理念是盡量鼓勵選手欣賞自己，認知自己是個極有潛力的奧運選手，成為一位「內在贏家」。

當八月奧運來臨時，我們可由國訓中心的訓練及奧運參賽過程中，看到教練與選手的快樂與自在，就可以了解到自尊不但是成功的基石，也是快樂的泉源。

第17堂 喚醒運動員的自尊

心理訓練要改變運動員的行為，必須要運動員本身先有相當程度的「內在自省」功夫，具有領悟問題的本質，為解決問題負責，才會有真正的進步。——歐吉爾凡（Bruce Ogilvie）

紀政指出：「運動員真正決勝因素，是來自他們內在的心志與毅力，也就是性格決定了表現。」性格激發出的能量，會驅動生理的每一份力量去挑戰體能的極限。

國家運動選手訓練中心的設備有一流的水準。在跆拳、射箭與射擊等三個項目的奧運培訓過程中，我們應用了運動科學，觀察運動員的生理與心理，希望培訓出世界一流水準的運動員，具有奪金的實力。但是，運動員是否能夠有奧運奪金實力，則在於他們的性格。

訓練過程中，當教練與運動員遭遇到問題時，總希望能夠很快就能解決並看到效果，但是，性格的培養是無法立即見效的。

運動心理學家歐吉爾凡（Bruce Ogilvie）認為：「心理訓練要改變運動員的行為，必須要運動員本身先有相當程度的『內在自省』功夫，具有領悟問題的本質，為解決問題負責，才會有真正的進步。」

紀政在《永遠向前》書中，提及她的教練瑞爾喚醒了她身為運動員的自尊。使紀政這位以「懶」出名的選手，不再有偷懶摸魚的念頭。

當運動員具有高自尊的心理後，他的行為是自立自強，不求於人，不但滿意自己，而且會克服任何困難，使生活中的一切事情運轉自如。

伯恩斯（David Burns）的認知過程理論指出：「心情是思想造成的，心情的好壞，主要是由自我控制的力量所形成。這個力量就是我們對世事的看法。」伯恩斯進一步指出自尊與自信的差異何在？自信鑑於過去的成功，認為自己將來在某方面也還會成功。

因此，自信的人只針對某些情況，像是贏的時候，自信就高，但是遇到實力比自己強的對手則信心全失。自信的表現會起伏不定，但自尊卻是一種持續不變的特質，具有高自尊的人，不論自己成功與否，卻能關愛自己，不會將自己或是任何人看得比其他人重要。他們懂得謙遜，具有理性判斷，不會高估自己，能夠勇敢承認自己所犯的錯誤。

人的自尊如同樹的根，高自尊的人總是勇於夢想，努力將自己的夢想定為目標，並且努力達成目標，使美夢成真。

低自尊的人則總是找出理由認為自己做不到，就會對自己設限，就如同將大樹種在花盆內，無法成長。

二〇〇四年五月在奧運培訓過程中，雖然是嚴格的訓練，但是教練團與所有的人對選手都是鼓勵與支持，朱木炎與黃志雄兩人是最先呈現出具有高自尊特質的運動員。

由運動選手的行為表現及訓練日誌的內容來看，陳詩欣、紀淑如、袁叔琪等人也都顯現出有高自尊特質，不但勇於夢想，設定了奪金目標，而且落實在每日的訓練中，奠定了雅典奧運成功的基礎。

第18堂 勇氣是成功的動力

行動不一定帶來快樂，但沒有行動一定沒有快樂。

——本傑明・迪斯雷利（Benjamin Disraeli）

能夠有資格參加奧運的運動員都是有天份的。但是，想要贏得奧運金牌，就必須要加上勇氣與決心才有致勝的可能。

我們常聽到我國的運動員有「恐韓」、「恐日」或是「恐美」症，這是長期失敗所造成的錯誤印象。魏特利（Denis Waitley）將恐懼一詞做了很好的詮釋：「恐懼（Fear）是錯誤教育所造成似真的假象（False Education Appear Real）。」

跆拳道與射箭項目上，我們心中總認為是無法對抗韓國的。棒球技術，我們是不可能勝過日本的。這種刻板想法，是會未戰先敗的。奧運培訓期間，我注意到很少有運動員敢勇於表達在雅典奧運志在奪金的豪氣。且在培訓與選拔過程中，有些選手不能適應訓練方法的改變與高度的競爭，導致失眠或身心失調的現象。

魏特利指出人生有四大恐懼。第一種是害怕改變帶來的危險；第二種是害怕改變；第三種是害怕成功；第四種是害怕失敗。

面對恐懼就需要勇氣，要去除懼怕改變帶來的危險，就需要「知識」，蒐集充分的資訊了解情況，就可消除恐懼之心。第二種恐懼是多數人及我國運動員犯的錯誤，害怕改變，而安於現狀。要做一名勝利者，就要勇敢面對挑戰，在勝負之間學習成長，以突破現狀。第三種恐懼害怕成功，是種罪惡感的表現。當你超越了同伴，會遭受人嫉妒與批評。

歐吉爾凡（Bruce Ogilvie）研究了一萬兩千名世界頂尖運動員，發現「恐懼成功」在運動員身上會明顯的影響高水準的表現。唯有運動員擺脫恐懼成功的罪惡感，才會有卓越的表現。「恐懼失敗」也影響運動員表現，是害怕在人前出醜而本能逃避心理，只要離開現狀，勇於為成功而冒險就可克服。

奧運培訓期間，我一直要求教練帶著選手參加世界頂尖的賽會，期望他們在世界一流的賽會中，習慣與世界頂尖運動員競賽，一方面以訓練膽識，另一方面是期望選手不懼怕改變，也能接受國際賽的考驗。跆拳道是與韓國及中國大陸交流，射箭是參加歐洲巡迴賽。

二○○四年初，跆拳道奧運培訓隊初成立時，朱木炎最先公開宣布：「我會拿到奧運金牌！」黃志雄雖然決定由第一量級升至第二量級，但仍然勇於表達出奪金的壯志。陳詩欣是在曼谷亞運奧運資格賽贏得金牌之後，奠定自信，建立了奧運奪金目標。紀淑如是在五月當選國手後，進行南韓與大陸移地訓練中學習成長，也設定了奧運金牌目標。

射箭隊在參加歐洲巡迴賽回國後，雖然參賽成績不理想，但是教練與選手們都設定奪金目標。運動員不懼改變、不怕失敗，勇於表達追求成功的勇氣，確是雅典奧運成功的動力。

第19堂

勇於求變的朱木炎

上天永不會幫助不動手去做的人。——索福克里斯（Sophocles）

二〇〇四年五月，當我看到朱木炎申請參加世界大學跆拳道錦標賽的公文，在保護選手的前提下，我遲遲未批准公文，心中也感到非常不安。因為，我向來主張尊重選手與教練的選擇及決定，不願以官方的權力干預訓練。可是，八月雅典奧運即將來臨，我國最有希望奪金的選手參加比賽時，萬一因賽受傷或是遭遇失敗，而影響了他參加奧運的實力與心理，那就成為難以彌補的損失了。另外，如果其他國家蒐集朱木炎的戰略與招式，也會影響他在雅典奧運的勝算。

公文在桌上擺了兩天，我直接找朱木炎的教練張榮三溝通，說明我的疑慮，也希望他們取消參加此次的比賽。

朱木炎得知詳情後，即直接與我溝通，說明：「我太久沒打國際賽了，我必須要在國際賽中測試我的新戰術。」我道出我的顧慮之後，朱木炎即明快地表示：「我這次比賽以測試戰略為主，不以求勝為目的。」雙方達成共識下，我同意他去參加世界大學錦標賽。

朱木炎在這次比賽中只獲得了銅牌。當新聞媒體與體育界都在憂慮朱木炎中斷了二〇〇三年以後連勝二十三場的紀錄，以及批評「裁判不公」的問題時，我在心中卻對朱木炎勇於求變的勇氣欣賞不已，他不會因為連勝而驕傲自滿，而且深刻地了解唯有倒空杯子，才能裝新鮮的活水。

有意思的是，當大家都在議論朱木炎的失敗歸因於裁判不公時，我請教黃志雄「朱木炎比賽失利真正的原因是什麼？」黃志雄看完了錄影帶後，明確地指出：「朱木炎犯了戰略錯誤。」朱木炎回國後的檢討，也是認為戰略出了問題，並認為這次比賽的錯誤，讓他能夠了解自己的缺失，不會在雅典奧運犯下同樣的錯誤。這次世界大學錦標賽失敗的經驗，是他參加奧運比賽的寶貴經驗，也是奧運奪金成功基礎的墊腳石。

美國俗語：「除非你有勇氣不見海岸，你才能發現新的海洋。」爭取成功就必須要有勇氣，勇於嘗試和面對風險。我們必須願意將自己置於無懼失敗和因失敗而感到難堪的處境。

運動員的練習與競賽，就是心智、體能與技術的學習過程，也就是嘗試錯誤的過程。任何表現都會有高峰、低潮或是瓶頸，面對問題的態度會決定它的結果。有許多人的失敗，是因他們害怕失敗，而不敢求變或是遭遇到失敗就懷憂喪志所致。

由朱木炎的勇氣，我們可以認識到，一個人如果不願意求新、求變以及改變自己，縱使非常努力，仍會在原地踏步，不能夠超越自己。最後，是會讓不怕失敗人超越的。正如海倫·凱勒說的：「躲避危險，不會比毫無保留地曝光來的安全，人生如果不大膽去冒險，就會一無所獲。」成功的人深知錯誤與失敗都是成長學習的過程，只有不斷地學習、嘗試及勇於實驗才有機會成功。

朱木炎的成功是來自於他勇於求變，可以在失敗及錯誤中學習成長。

第20堂

用心叩開成功的大門

按照自己的意志去做，不要聽那些閒言碎語，你就一定會成功。——納斯雷丹・霍查

選手與教練在面對重大賽會時，常會說：「看籤運如何……。」這種想法是自毀的心理。因為他們怯於面對競賽的對手，自己無能為力面對挑戰，讓成敗受外在環境所影響。當選手抽到「壞」籤時，心中就會被恐懼佔據，以致影響競賽時的表現。

二〇〇三年初，跆拳道出發到泰國參加亞洲盃的奧運資格賽時，我到機場送行，詢問跆拳道協會幹部：「我們取得三席資格賽的實力與機率如何？」這位幹部回答說：「看抽籤後的對手了。」聽完這話，我立即走到黃志雄身邊說：「志雄，不要在乎抽籤的對手是誰，你必須志在奪金，你是最好的，不用怕！」志雄簡單有自信的回答：「我不怕！」

黃志雄在這次比賽中，雖面對的是體型與體位都佔優勢的競爭對手，且在比賽時手腕脫臼的情況下，僅以一分敗給冠軍選手哈迪，但仍贏得銅牌，成功地取得了奧運資格賽。黃志雄的奮戰精神感動了對手，賽後，哈迪上前擁抱黃志雄說：「希望我們在雅典奧運見，我每次僅能贏你一點點，你是個好手。」

看籤運，決定自己的勝負，就是否定了自己奮鬥的結果。將自己的前途，交付給命運。這種不確定，心中七上八下的情形下，就「卡」住了向上奮鬥，志在求勝的決心了。

「心」是思想，了解問題本質的能力。在工作上、在競賽中，解決問題最重要的，就是態度。有決心求勝，必然會努力充實自己、準備自己。

奧運金牌選手的內心都有強烈的慾望，驅策他們去成功。這種內在的驅策力，促使他們超越自己能力的極限，達到巔峰。正因為如此，在奧運或重大賽會時，都可能會爆冷門或出現大黑馬。

俗話說：「一命、二運、三風水、四積陰德、五讀書」，我認為只要立下志願，訂立目標，不斷地充實自己的新知，不停地創新求進步，就可以奠定成功的基礎。

站在競技場上，表現出自信與自在的風範，展現出超人的技巧，使對手、裁判都欣賞與敬佩，這就是陰德。在有自信與有實力的條件下，任何環境都是好風水，也就掌握了自己的命運，因為沒有任何困難可以阻擋你邁向成功之路的決心。

奧運金牌選手能夠勝出的秘訣，是他們的基本信念——肯定自我內在價值，肯定自我心靈力量，為自己尋求快樂自在，自己的意念與能量，可以因應一切挑戰與困難。

就生命來說，即使在競賽中失敗了，但在過程中，已累積未來勝利的能量。面對失敗，承認自己不足之處，就成了人生的轉折點，再學習新知、新技能，形成新的力道。

黃志雄放棄自己最擅長的第一量級，越級挑戰第二量級。他勇於面對挑戰的精神，不但達成了目標，更贏得競爭對手的尊敬。黃志雄的心中不在乎勝負及結果的好壞，而是在乎自我的成長，他這種無懼精神不但在奧運有卓越的表現，也必會有成功的人生。這證明了「命」字，是「人」字為頭，只要多用「一」點心，就可「叩」開成功之門。

第21堂 鎖定目標，追求勝利

金字塔是由一塊塊石塊堆砌上去造成的。——莎士比亞（William Shakespeare）

傑浩．蘇萬納（Gerhard Gschwandtner）研究頂尖人物成功的哲學，發現成功的人，一定知道自己真正想要的東西，清楚地了解自己追求的目標；而失敗的人則總是欠缺明確的目標，因為他們有許多夢想，但是無法決定追求哪一個夢想。

二○○三年，跆拳道選拔參加奧運資格賽的世界錦標賽國手後，我問國手們有沒有需要效勞之處。其中一位正在研究所進修的女國手說：「想要參賽奧運與學業兼顧。」我直率地回應：「不可能！在奧運的競爭中，只有百分之一百一十的努力，才有成功的希望，妳必須全心全意的備戰。」

我認為臺灣長期的努力，不能在奧運奪金的原因之一，是我們的運動員缺乏明確的目標，不知道自己心中真正想要什麼？在國訓中心培訓時，常在培訓與學業之間徘徊，結果是學業的程度不佳，而競技的實力也未能提昇至世界一流的水準，常在重要賽事以極小的差距落敗，失望而歸。

一個人能不能成功，就要看他是不是只追求一個明確目標。也就是，當我們設定了目標，就必須把次要的目標擱在一邊。希臘哲學家亞里斯多德認為成功的步驟：第一，要有清楚、確定、又實際的想法及明確的目標。第二，用盡所有的資源去達到這個目標，不管是智慧、金錢、物質或方法。第三，調整及配置所擁有的資源，以完成目標。

當一個人清楚地了解自己要追求的目標時，是沒有任何困難或障礙可以阻止他成功的。因為目標會影響他的選擇，他可以集中焦點追求設定的目標，不會落入生活瑣事中，終日忙、盲、茫，終而一事無成。

早在奧運資格賽之前，朱木炎與黃志雄是奧運培訓選手中最早就設定了以奧運金牌為目標的運動員。朱木炎不惜放棄研究所的考試，黃志雄改變了出國深造的計畫，陳詩欣則是在二○○三年的奧運資格賽失利的慘痛教訓後，在劉慶文總教練徵召下，有了參加亞洲區資格賽的機會，她就清楚自己奮鬥的明確目標，用心找出自己失敗的原因，接受教練團科學化的訓練，因此，她才能夠在亞洲資格賽贏得金牌，奠定她雅典奧運成功的基礎。

第22堂

想要出人頭地，唯有百分之一百一十的努力

當一名成功的運動員，要付出許多代價，生活講究紀律，心無旁鶩，犧牲玩樂時間，才可能有所成就。——紀政

站在運動場上，如果不能全力以赴，那還不如不要上場。因為沒有實力，就別想獲勝。奧運金牌得主都深深了解到，唯有百分之一百一十的付出才能夠在運動場上出人頭地。

不可否認的，他們都有天賦的才華。可是，這世界上有許許多多與他們有同樣天賦的人，成就卻不能與他們相提並論，可見光有天賦並不足恃。造就卓越人物出類拔萃的關鍵在於自尊、紀律、專注與決心。要培養這些特質就必須要付出代價。

追求夢想時，或許我們的環境或條件不「完美」，但這也正是我們化「阻力」為「助力」的好機會。對一個志在奪金的奧運選手而言，不僅要克服在運動上的困難，同時也因他在追求人類的極限，所以也要不斷地克服所有的問題。

藍斯．阿姆斯壯曾罹患末期睪丸癌，仍能努力求生，不但治癒了癌症，且在二〇〇四年贏得了第六次環法大賽的光榮紀錄。在他成長的過程中，藍斯的母親告訴他：「除非你付出

百分之一百一十的努力，否則不可能成功。」

藍斯在十五歲時，假報出生日期，報名參加了十六歲以上鐵人三項比賽。因為賽前飲食不當，吐得體力盡失。在藍斯認為不可能完成賽程時，他的母親說：「你不能放棄，就是用走的，你也得走到終點。」最後，藍斯掙扎的走到終點。只有這樣的堅持，才能培養出成功的運動員。

紀政明確地指出：「當一名成功的運動員，要付出許多代價，生活講究紀律，心無旁鶩，犧牲玩樂時間，才可能有所成就。」當一位運動員願意為成功付出百分之一百一十的努力時，他就會「願意」吃苦，並且享受成長的痛苦。

在國訓中心訓練時，不少選手有身心調適不良和課業、就業問題，我們都盡力協助解決。但是，在訓練水準與紀律的要求，我們從未妥協過。因為我們堅信，只有激發他們願意付出百分之一百一十的努力，才能出人頭地，在奧運才有奪金的希望。跆拳道的體能教練瑞札的體能訓練嚴格到選手會跑到吐，吐完了再跑。可是在有計畫循序漸進提高訓練強度下，選手們的肌肉與耐力有很大的進步，在心理上也提昇了自信，這是跆拳道選手在雅典奧運能夠成功的因素之一。

第23堂 毅力，成功的關鍵

奧林匹克精神教導我，沒有不能克服的困難。

——美國射箭奧運金牌運動員　賈斯汀・胡許（Justin Huish）

雅典奧運培訓期間，我常到國訓中心觀察選手訓練情形。我發現選手中有不少人的體型與技術都極為優秀，理應可以成為世界級的頂尖運動員。但是，他們可以成為國內頂尖的運動員，卻無法成為世界級的頂尖運動員，這是因為他們少了成功必備條件——毅力。

人生旅途當中，沒有人可以無往不利，永不犯錯的。在設定了目標，做好了計畫後，還必須要全心全意做好當下的事情，遇到困難需要心志不改，堅持不懈。

南絲・赫格雪德（Nancy Hogshead）在一九八四年洛杉磯奧運，贏得三面金牌後說出她的感言：「生命的困難使我成長，資源的缺乏使我更有效率，也使我離開舒適區，以超越自我。我必須預期阻礙在前，擁抱困難，且奮力的成長。」

一九九六年亞特蘭大奧運，射箭選手賈斯汀・胡許（Justin Huish）獲得男子個人與團體金牌，自認為適應環境變動能力是他成功的關鍵。因奧運前三年，由於射箭場關閉，賈斯汀沒有了訓練場地，而他先以自家的後院，大約十公尺距離練習。幾個星期後再打開車庫門，以十八公尺練習。隨後，穿過街、汽車道、車房、後門到後院的距離為四十五公尺。

在這種克難環境下練習，他不但贏得奧運個人金牌，而且率同隊友贏得了團體金牌。賈斯汀指出：「適應環境有時必須發明及創造幫助成功的工具，奧林匹克精神教導我，沒有不能克服的困難。」

二〇〇四年六月初，陳全壽主委鼓勵國訓中心的同仁、教練與選手們說：「要為成功找方法，不為失敗找理由。」這句話點出毅力是成功之路的關鍵。

奧運奪金重點項目的教練與選手大都具有這種毅力與決心。以射箭隊為例，在歐洲巡迴賽的表現不如人意，回國後教練團針對問題設計了「雅典奧運模擬賽」，以「不友善的環境」訓練選手，由觀眾製造的噪音干擾選手們的注意力，並以干擾睡眠障礙方式，考驗選手能在睡眠不足情況下，仍能夠發揮比賽的實力。

射箭隊教練與選手們的毅力與決心，不斷地為成功找方法，是他們在雅典奧運成功的關鍵。

第24堂 夢想成功，贏得金牌

能夠向充滿信心的理想邁進，並為實現憧憬的生活而努力不懈，就會得到意想不到的成功。

——梭羅（Thoreau）

當我立下雅典奧運「志在奪金」的目標後，就有人當面對我說：「你在作夢！」奧運金牌難得的事實，使許多人不敢有夢想，這是很可惜的事。

夢想是潛能的反映，任何人都有潛能可以實現自己的夢想。失去夢想的人，正如受限於花盆的樹一樣，無法真正表現出自己的天賦與潛能。

奧運金牌的運動員能夠站在奧運受獎台，當掛上金牌的那時刻，都是開始於少年時的夢想。他們可能是看到電視的一個鏡頭、報紙的報導或是一場運動比賽的啟示，而奠下的基礎。

布萊恩・谷德爾（Brian Goodell）在一九七六年蒙特婁奧運，贏得四百公尺與一千五百公尺泳賽金牌，他當時只是個高中生。一九七二年他十三歲時，在電視上看到馬克・史匹茲（Mark Spitz）贏得奧運七面金牌，他的心中就開始夢想在奧運泳賽得金牌，這個夢想在四年後就實現了。

心理及輔導學者魏利・戴爾（Wayne Dyer）強調每一個人要「做自己想做的夢」。任何人只要有了夢想，就有機會成功。戴爾曾經引用美國作家梭羅（Thoreau）的名言：「能夠向充滿信心的理想邁進，並為實現憧憬的生活而努力不懈，就會得到意想不到的成功。」每一個人都有難以形容的神奇意志力，有夢想的人不會認命，遭遇到困難不會放棄，更會全力去克服障礙，他會相信自己，並深信自己一定能實現夢想。

二〇〇二年底，奧運體操金牌巴特・柯納（Bart Conner）曾向我提起，在一九八四年以前，多數美國體操選手都認為自己的水準不及日本選手，直到其中一位隊友大膽地說出：「我們一定可以贏他們！」這句話喚醒了所有選手的雄心，結果一九八四年洛杉磯奧運時，美國隊贏得了男子體操團體金牌。

柯納說完後對我說：「從我到台北，你就不斷提及奧運金牌，繼續下去，總有一天，貴國一定會得到奧運金牌。」自此以後，我就高喊：「中華民國奧運第一金不缺席。」因此，培訓選手的過程中，鼓勵每一位選手要有追逐自己夢想的勇氣。當我們的選手都有「奧運金牌夢」時，美夢成真的機會就到了。

第25堂

激發勝利的動機

最有希望的成功者，並不是才幹出眾的人，而是那些最善利用每一時間與機會，去發掘開拓的人。——蘇格拉底（Socrates）

好的射箭選手必須要有謙虛受教的個性，面對逆境時要處之泰然，專注力高而且有強烈的求勝動機。

奧運射箭金牌教練李啟式認為，選拔射箭選手必須注意的因素有：個性、注意力與動機。要在奧運競技場上奪標者的內心必須要有一股強烈的慾望，驅策著他不斷地超越自己走向巔峰。

二〇〇四年初，射箭項目的運動員在國訓中心培訓，即將面對競爭激烈的國手選拔。此時，我常到中心觀察訓練情形，發現不少選手有高度焦慮導致失眠或心理失調，或是動機低落的情況。除了請射箭運動科學專案小組多做輔導外，我也進一步了解運動員的課業與就業的情形。

前美國奧運學會運動醫療協會心理學主席魏特利（Denis Waitley）指出：「大多數功成名就的人，即使除了一份夢想之外，其他一無所有的時候，仍然相信自己絕非池中之物。」

亞運金牌得主袁叔琪，是我國的菁英選手之一。我一直認定她是極具潛力在雅典奧運奪金的選手。她是位比賽型的選手，而且在大型國際賽的表現遠勝在國內的比賽。可是自二〇〇二年亞運後，袁叔琪練箭的動機非常低落，而且在練習上顯得少了幾分動力，甚至傳出她不想再練習的消息。我深入了解原因，發現袁叔琪當時是徬徨在師大甄試與奧運選拔的壓力中。

我立即請同仁務必輔導她的升學課業，以先考取師大為第一目標。確定袁叔琪考取師大後，我提醒她有很好的天賦，才能在亞運奪金，更應好好運用自己的天賦，在剩下的六個月，讓自己的生命能在雅典奧運發光發熱。

我們要激發運動員的動機，必須要他們以自己為榮，並且樂於做自己。因為，情緒低落、處境不順時，能夠接納自己，就能享受逆境的挑戰，了解自己是一個有缺點但能夠經由改變，不斷成長為有價值的人，並為自己的成就感到自豪。

令人高興的是，在激烈競爭環伺之下，袁叔琪以第二名入選國手，且自告奮勇當女子隊的隊長。

奧運代表隊授旗的夏夜裡，她在射箭場搭起的舞台上高唱「海闊天空」時，我很清楚射箭隊在雅典奧運一定會有很好的成績。

第26堂 熱忱，讓人生逆轉勝

黃金時刻在我們生命之流中滾滾而過，但我們卻只看到一些砂礫；天使常常來造訪，但我們只在祂走後才知道。——艾洛特

奧運金牌運動員都具有熱忱的特質，熱愛自己、熱愛生活、熱愛自己從事的運動。唯有熱忱才能夠接受大量的重複訓練，還能有旺盛的進取心與求勝的意志。

一九八四年奧運體操兩面金牌得主巴特・柯納（Bart Corner）指出，在美國有一百五十萬青少年學習體操，只有六個男生與女生能夠代表美國參加每四年才一次的奧運競賽。多數的青少年聽到這麼難，大多數的人都說：「我不能放棄。」只有充滿熱忱的人，才能每天快樂地練習，有自信地為每日進步而感到有所成就，終究才能脫穎而出。

運動心理學家魏特利（Denis Waitley）認為，熱忱是一種致勝精神，它可克服先天的缺陷與環境的困難。熱忱（enthusiasm）一字由希臘文演變而來，它的原始意義是「你內心的聖靈」。

有熱忱的人一定會積極進取，就好像聖靈在他的心中，使平凡單調的生活充滿了樂趣。這樣的態度一定會快樂成功，因為他面對困難的時候不會有「我不能」的想法，而是有「我

一定能做到」的思維。

《積極思考力量（The Power of Positive Thinking）》的作者皮爾（Norman Vincent Peale）認為消極思想會消磨掉一個人全部志氣，而積極思考能使人永保有精力、熱忱、進取、樂觀。只要我們有決心往好處想，堅持自己積極思考方式，就能幫助我們成功。

二〇〇三年，我們設定棒球為奧運奪牌項目，初期目標是贏得亞洲錦標賽的奧運代表權。但是，自一九九二年後中華隊未曾贏得奧運資格，是因中華隊與日、韓兩國實力相差頗大。許多人都說：「不可能」。我請教棒球訓輔委員林華韋先生，他認為：「不是不可能，如果只打一場，還是有勝算的。」

我對同仁說：「只要有百分之一的機會，我們就全力以赴，直到勝利為止。」我指派許馨文科長與陳永洲先生，整合所有的資源，配合中華隊的訓練。如中華隊到日本移地訓練，遭遇到日本職棒不願陪練情況下，我們一天之內安排在古巴參加世錦賽的二軍飛到日本陪練，在充分的準備與旺盛的鬥志下，贏得了奧運代表權。

這次經驗使我體會到，熱忱是會感染的，當我們存有熱忱念頭時，便會改變「辦不到」的負面思考，轉成「我能」。相信自己能做到，就會成功地達成目標！

第27堂 正向思考的冶金術

絕望能使人倍增勇氣。——英國俗諺

跆拳道是我國參加雅典奧運最有機會贏得金牌的項目。但是，越接近奧運越有負面的消息。例如，朱木炎在世大運僅得銅牌，希臘揚言雅典奧運必得朱木炎這個量級的金牌，再加上我國跆拳道裁判因英文不佳未能獲選為奧運裁判……，於是，有人就說跆拳道的金牌一定會被「做掉」。

面對這個問題，我認為我們必須做到「成功操之在我」，而不是「命運掌握在別人的手中」，唯有專心訓練提昇選手的體能與強化技術，使選手的力量與技術，不僅可明顯有力的攻擊到對手，甚至可以擊倒而獲勝，以堅強的實力，使裁判無法不公而藉故「做掉」我們的選手。

《與成功有約》的作者柯維（Stephen R. Covey）認為：「客觀受制於人，並不足為懼。重要的是，我們要擁有選擇的自由，可以對現實環境回應，為生命負責，為自己創造有利的機會，做一個真正操之在我的人。」

冬季奧運金牌運動員，丹尼爾・傑森（Daniel Jansen）是以三點六秒打破五百公尺世界紀錄的第一人。但他參加三次奧運皆失利，在第四次參賽前記者問他：「如果這次競賽沒有得到獎牌，你將會是有史以來最偉大的快速滑冰者，但從未贏得奧運獎牌。」傑森回答：「那是看事情的一種方式，但我會以另一種方式看事情，這是我第四次參加奧運，我有機會成為一位最成功的奧林匹克人。」

面對處境的態度會決定它的結果。一個人只要擁有積極的念頭——「我能」，就會發現真的能達成目標。奧運集訓期間，我對自己、同仁和對教練、選手的要求是，絕對不要說「我辦不到」，而是說「我一定會成功」。我們不但要做積極思考的人，更要做一切操之在我的人。我們要認清現實，但我們有權選擇以積極的態度去面對現實的環境。

當我們面對不可能拿到奧運金牌質疑時，對策是盡百分之一百一十的努力，奮力求金。當遇到裁判不公的問題時，我們的選手會展現超強的實力，使裁判無法偏袒，贏得勝利。我確信以「操之在我」的態度面對奧運的挑戰，一定會成功地達到目標。

第28堂 好紀律養成好潛力

自律是內心的訓練，也是毅力的具體表現。——運動心理學專家 魏特利（Waitley）

習慣會影響我們的思緒和行為。

好的習慣奠定成功的基礎，壞的習慣就可能誤了大事。要做一位優秀的運動員必須付出代價，一切都需要講究紀律，並常在內心訓練自己，養成表現卓越的習慣。所以當一個人能夠嚴以自律，必能有所成就。運動心理學專家魏特利指出：「自律是內心的訓練，也是毅力的具體表現。」

二〇〇三年二月，邀請美國體操教練渡邊幸二來台指導我國教練與選手。我注意到他時時刻刻都將目光放在選手身上，不論是在練習、休息或是用餐時候。他告訴我：「隨時注意運動員平日的練習與生活習慣，可以深刻地了解他們的潛力與問題。」

藍斯·阿姆斯壯在二〇〇四年第六度贏得環法賽冠軍。他就是以高度自律的態度，不但克服了癌症，而且成了環法大賽有史以來最偉大的運動員。藍斯平日極重細節，專注到幾乎令人發狂，他的隊友稱他為「毫米先生」。他堅持每一樣東西必須擺在固定的位置並排列整齊，只要看一眼就能找到所要的東西，賽前仔細地檢查自己的單車，調整把手確定踏板上的滑栓沒有問題。

藍斯為了達到適當的體重，以提昇爬坡的速度，他的飲食都經過精密的計算，以小型天平測量每餐的食物，計算瓦特數和攝取的熱量，嚴格控管每日消耗的熱量必須大於每日攝取的卡路里，直到他減少了十五磅體重，騎車感到身輕如燕，爬坡不再有任何負擔為止。

奧運集訓開始，我們對奪金重點項目非常強調運動員自律特質的培養。不僅是在練習場與競賽上對紀律的要求，在日常生活中的飲食與生活管理，都有嚴格的要求。我們期望選手在任何時刻，任何情境都在心中訓練自己，不斷地練習成功之道。

跆拳道的四位選手——黃志雄、朱木炎、陳詩欣及紀淑如，都是具有自律特質的運動員。他們在培訓期間，必須放棄娛樂與美食，而要接受魔鬼營式的訓練和嚴格的飲食控制。

即使是如此嚴苛，他們心中仍只有一個念頭：「超越自己，我一定可以堅持到最後，迎接勝利的來臨。」由他們完全遵守紀律的態度來看，可以了解到四位選手所呈現的自律與毅力的特質。

第29堂 將壓力轉化為成功動力

灰心是動搖的開端，動搖是失敗的近鄰。——易卜生（Henrik Johan Ibsen）

二〇〇三年底跆拳道奧運資格賽，我國僅朱木炎贏得金牌取得參賽權，黃志雄、楊淑君與蘇麗文都未能取得參賽資格。二〇〇四年二月亞洲區奧運資格賽是最後一次機會。

經由教練與選手的共同努力下，黃志雄、陳詩欣與紀淑如都贏得了奧運參賽權。我到機場接機時，隨隊醫師周適偉先生告訴我：「我從未見過這麼有紀律的團隊。但是，他們的壓力實在太大了。」

「我寧願他們現在就能夠面對壓力，在奧運培訓期間不但要習慣壓力，更要享受壓力。」我說明選手面對壓力應有的態度。

奧運是運動員表現的最高殿堂，競技運動一定會有壓力。優勝者與一般運動員的差異是，優勝者具有控制壓力的能力。我曾請教過一九八四年體操金牌選手巴特．柯納，如何面對奧運高度競爭的壓力，他的回答很妙：「享受腎上腺素激發出來的感覺，你會喜歡這種感覺。」

賈斯汀．胡許（Justin Huish）是一九九六年亞特蘭大奧運射箭個人與團體項目金牌得主，他的教練教導他如何面對壓力。

奧運射箭競賽是與世界級的六十四名選手競爭，每一選手須經過淘汰賽或驟死賽（sudden-death match）。多數人都認為必須擊敗其他六十三名競爭者，但教練 Lloyd Brown 說明：「只要擊敗其中六名，就能贏得金牌。」「就經驗看，百分之八十的選手不是被其他更優秀選手打敗，而是敗在自己的失誤。」

教練的兩段話，對賈斯汀的心理有強烈及正面的影響，幫助他在奧運競賽上取得了勝利。

奧運金牌之爭時，全場擠滿了人，且有震耳欲聾的噪音，多數選手面對這種場合都會緊張。賈斯汀則告訴自己：「我喜歡這種感覺，有些緊張，我喜歡擁抱不確定。是的，我的掌心在流汗、發抖，這是好的訊號，顯示我在乎我的投入和結果。」

只要有競爭，就會有壓力。面對壓力最好的方法，就是喜歡那種腎上腺素所激發出來的感覺。學會掌握自己，不管是平時的練習或比賽，都要能自律地掌控，面對競賽的強大壓力時，就會很自然地產生堅毅的思維與表現，全力以赴達到成功的目標。

第30堂 專注力是勝負的關鍵

決心就是力量，信心就是成功。——托爾斯泰

巴特．柯納（Bart Conner）敘述得到洛杉磯奧運男子雙槓與團體兩面金牌的當刻：「當我在空中飛躍時，在我整個生命中，與我是否能夠穩定落地無關了。就像進行中撞毀的車子，一切都是以慢動作進行，縱使是以少於一秒的雙槓的動作，對我而言，就像在空中盪留了好幾分鐘。我做了很棒的落地動作，裁判給了我最高的十分。」巴特贏在專注力，那一刻，他的心中已不在勝負，不在贏過競爭對手，而是專注於自己的核心競爭動作，才讓一切那麼流暢與完美。

奧運金牌運動員在競技場上，遇到戰況愈激烈時愈顯得輕鬆，他們都會將注意力集中於當下的目標，零缺點的演出，外在的噪音和不必要的緊張都消失無形了。

中國射擊隊飛靶選手張山，在巴塞隆納奧運，不但得了金牌，且平了一項世界紀錄，破兩項奧運紀錄。

張山在參與比賽經驗中，理解到成功與失敗之間的關係。她的結論是：「不怕失敗比渴

望成功重要」。

張山在賽前，認真地寫了準備方案，對實際比賽中可能遇上的問題，作出對策。充分準備的方案，能在比賽中得以運用。張山的重點是「全神貫注，人槍一體的感覺。」

張山賽前的心理準備，使她在比賽時，得到圓滿的結局。兩百靶兩百中，贏得奧運金牌。張山在比賽過程中已到「忘我」的超脫境界，她不想得失，不考慮成功與失敗會帶來什麼，僅僅想到是現在該做什麼。特別是到最後關鍵的時刻，最後的一靶，張山還是和前面射擊所有的靶一樣，雖然成功在眼前，但還是以平常心做該做的事，使她贏得歷史最佳成績。

運動心理學家魏特利認為，只有勝利者才能領會這種「全神境界」，完全是心理訓練學習而來的。

金牌運動員卓越的表現，似乎是不費吹灰之力，那是平日的練習使然。在比賽時他們只是像平日練習一般，找到熟悉的心理及體能狀況，將體能與技能做完美的組合運作。他們喜歡面對高度競爭，激發出自己潛能的時刻，在競技場上生龍活虎，所有動作有如神助，這種專注力是他們得勝的關鍵。

第31堂 品德是成功的基礎

沒有一樣東西會像德行，能夠使人成功立業發跡起來。

——班傑明・富蘭克林（Benjamin Franklin）

我國七十二年來從未贏得奧運金牌的事實，彰顯出奧運金牌的挑戰難度。為了達成奧運奪金的目標，我們必須先付出與犧牲，才能來談我們能獲得多少，不能夠有任何僥倖之心，喪失自己的原則。

雅典奧運前，我們內部評估跆拳道四位選手的實力，都有奪金與奪牌的實力。可是，對於裁判不公的傳聞與經驗，許多人都建議我編列經費，加強公關以確保能夠得到金牌。

為此，我深為困擾。因為，這種做公關的風氣一定有其原因。如果，我們的選手真的是因為裁判「做掉」，而失去獎牌，那是非常令人痛心與遺憾的。

可是，我仍對選手們說：「我不希望你們因裁判不公失去獎牌，但我不能去做公關，因而『做掉』別的國家選手，我們只有以實力爭取榮譽，我們必須奮鬥到讓裁判感動，贏得對手的尊敬。」

我們在培育運動員，不可以將「贏」作為所有的價值。一旦如此，「欺騙」就會成為運動員運用的一種手段了。

一九八八年漢城奧運一百公尺決賽，加拿大選手班．強森以九秒七九世界紀錄，擊敗了美國選手劉易士的九秒九二，贏得金牌。強森高舉手指衝過終點的勝利姿勢，令人印象深刻。但是，隨後運動禁藥檢測的陽性反應，金牌與世界紀錄都被取消，榮譽變成了醜聞。

運動員使用運動禁藥贏得競賽，是一種失去靈魂的榮譽。二〇〇〇年雪梨奧運，我國舉重選手因使用運動禁藥，不但引起很大的爭議，而且遭取消競賽資格。

當時我在體委會擔任主任秘書，了解到舉重的運動員使用運動禁藥是常見的事，而體育界居然視而不見，且以此為奪金的主要策略，我是極不認同。

所以，我調任競技處時的第一件事就告知同仁，決不可以讓選手使用運動禁藥。我認為要贏得奧運金牌，不僅是要努力落實訓練，更要誠實的面對挑戰。

奧運精神對運動員生涯中最重要的一課是品德教育，選手應秉持良好品德以達最高境界，正如人生的燈塔，照亮人類的靈魂，指引生命的航向。

班傑明．富蘭克林指出：「沒有一樣東西會像德行，能夠使人成功立業發跡起來。」的確，真正卓越的人生少不了正直的生活。我們必須認清光有技巧不能成為卓越的運動員，縱使是時時刻刻苦練，也無法突破本身的限制，亦不能增進心智的成長，唯有注重培養運動員的品德，才是成功之本。

所以，我希望我們的運動員在雅典奧運後，無論是否贏得金牌，世人都會說我們的運動員有品格、有風度，是值得尊敬的人。

奧運選手必須秉持品達，以達頂尖之境，正如人生的燈塔，照亮人類的靈魂，指引生命的航向。（中為陳全壽主任委員）

第32堂 知識提昇競爭力

幸運來自正確知識下的努力。——運動心理學家　魏特利（Waitley）

奧運競賽的勝負決定於極微小的差距。

想要贏得奧運金牌是一門精密的學問與工程。選手的生理、心理狀況的觀察與訓練計畫的執行，都必須非常嚴謹，才可能掌握到致勝關鍵。

觀察我國的教練與選手都很努力，但總是無法創造佳績，主要原因出於訓練只靠經驗與感覺，缺乏運用科學的方法。

黃志雄提及早期體重控制最直接的方法是不吃和穿雨衣跑步，要在一、兩個月內降六至七公斤，甚至在賽前穿雨衣跑步，這種驟減體重的結果，造成比賽時力不從心，因而失去贏得獎牌的機會。

運動心理學家魏特利指出：「幸運來自正確知識下的努力（LUCK=Labor Under Correct Knowledge）。」成功不是靠機率，而是靠廣泛蒐集資訊，投入時間和精力，仔細研究分析，發揮執行力，才能享受豐碩的成果。

二〇〇三年初，我推動奪金項目的訓練結合運動科學，使訓練科學化與數據化，訓練規劃有理論基礎，切實實施與評估訓練成果，作為計畫調整的依據。

射擊由季力康教授整合心理與力學配合訓練。在接近雅典奧運時期，林怡君壓力太大導致身心失調，成績起伏不定。經過縝密評估，請徐明先生以催眠術幫助林怡君調整心理，並以雅典模擬賽觀察，發現催眠對林怡君的心理與比賽成績都有很大的幫助。

射箭由相子元教授整合力學、心理與訓練結合。以高速攝影機拍攝選手放箭瞬間動作，作為技巧修正及穩定技術訓練，並由觀察箭的飛行狀態與弦的振動，作為調整弓箭的依據。心理方面以心理分析與心理技能訓練，以掌握選手的心理狀況和提升心理素質。

跆拳道由體委會洪志昌與總教練劉慶文共同負責整合技術、體能與生理。伊朗體能教練瑞札針對選手開列訓練處方，以規律與循序漸進方式提高訓練強度，不但選手身體更強壯，而且提昇了自信。徐台閣教授負責選手的生理狀況，選手的體重控制不再是難事，而成了有效的助力。選手的飲食經過調整，不但有理想的體重，且可以適應高強度的訓練。

運動科學與訓練的結合，教練與運動員可以在正確的知識下努力，幸運地掌握勝算。

第33堂

優雅：致勝臨門一腳

注意細節，堅持做好每個動作，與世界一流的教練與選手交流，培養美感與品味，動作就會優雅。——柯納（Bart Conner）

你們男子體操選手的體型與素質都很好，可惜的就是差了那麼一點點。」當柯納（Bart Conner）指導我國體操選手時，對我說出這一番話。

我進而請教他如何加強那「一點點」？

柯納明確指出：「注意細節，堅持做好每個動作，與世界一流的教練與選手交流，培養美感與品味，動作就會優雅。」

柯納的建議真是一針見血。金牌與銀牌的差距非常小，唯有高度自律的人，才能全力做好每個細節。與世界頂尖運動員交流，才會有學習成長的機會。有審美感與敏銳的觀察力，提昇生活品味，運動員舉手投足間才能呈現優雅的姿態。

運動員的培養，不僅指其專業活動的能力，也須將態度、知識與技術做整合，才可能有健全的發展。運動員的培養如僅強調以技術訓練為主，不但會限制了運動水準的提升，更影響了他們未來的生涯發展。

柯納的建議，影響我對奧運培訓理念極深。我特別要求教練與選手參加比賽時必須要做的兩個活動，一是邀請優勝隊聚餐，以表示敬意並請益成功之道；二是遊覽參賽城市，尤其是博物館與美術館。射箭隊在紐約參加世界錦標賽時，賽後參觀大都會博物館、百老匯與自由女神像等。跆拳道隊在巴黎參觀羅浮宮、巴黎鐵塔與巴黎市的風情。

有人好奇我為什麼要求運動員觀光遊覽？我認為觀光旅遊可以培養人對環境的注意力與認識。運動員如果觀察力不足，感受力不敏銳，對美的事物無動於衷，是不可能注重細節，講究精緻，追求卓越的。

高爾夫名將老虎伍茲的父親在他到法國參加世界業餘賽時，借用了高球名將哈根（Walter Hagen）的話：「停下來聞聞花香。」建議伍茲多多觀摩法國的優雅。確實，運動不僅是競賽的勝負，也是讓世界頂尖運動員交友與學習的最好時刻。身在旅途，了解各國風土民情，讓生活多采多姿。我相信將有助於教練與選手開拓視野，培養美感和品味。觀察奧運培訓期間，跆拳道與射箭選手不但競技實力提昇，氣質與談吐都有明顯變化。有教練與選手不約而同指出，他們參加多次大型賽會以來，雅典奧運是大家最快樂、相處和諧，而且最團結的一次。

第34堂 用心比經驗重要

世上最美好的事物不可目見亦不可膚觸，只能用心感受。

——海倫・凱勒（Helen Adams Keller）

雅典奧運代表團名單發表後，有人批評代表團中的職員大多數沒有參加奧運的經驗。我的看法是：「用心比經驗重要。我們要有贏的決心，更需要有周全準備的意志。」

二〇〇〇年雪梨奧運除了運動禁藥風波，更嚴重的是當我國代表團初抵達雪梨，就有一位舉重男子選手因被檢驗出使用運動禁藥，而被取消資格。這件事經國際媒體報導，使得中華隊尚未開賽就面上無光，隨後開幕典禮的服裝也引起國內很大的爭議。賽會期間，發生了教練不知道賽程變更，教練與選手之間的爭議，影響了團隊士氣。

我認為二〇〇〇年中華奧運代表隊發生問題的本質，是準備不足與忽視細節所致。設定目標很重要，但是達成目標應該比設定目標更重要。奧運的準備必須要堅定理念，謹慎籌劃且步步為營。在二〇〇三年我們贏得棒球奧運資格賽後，就展開奧運代表團的組團工作。我們與中華奧會共同討論組團的重要原則：

一、代表團之成員，應遵守紀律，絕不可再發生運動禁藥事件，對集訓、比賽均應嚴加管理，展現代表團之精神與良好風範。

二、代表團組成，應以功能性為重，以提供教練、選手最好的服務。因此，總領隊應選擇可擔負重任，掌握全局之人，所有成員均應賦予任務，並且權責分明。

依據上述原則，工作小組每週會談一次，每一項工作都予以追蹤、考核執行的績效。我們的準備工作不僅是參賽的事前準備，亦非常注意選手身心的調適。例如，顧及時差可能影響到選手的身心，特別邀請馬里蘭大學醫學院波師圖拉奇（Teodor Postolache）教授協助我國選手適應時差與作息。

因為準備周全，才有處理意外事件的能力。出發到雅典之前，舉重選手陳葦綾因顏面神經麻痺，必須服用醫師所開含有運動禁藥成分的藥物，這可能會影響她的參賽權。周適偉醫師適時地建議先向國際奧會的反運動禁藥組織報備，並且採取了適當措施，幫助陳葦綾通過了藥檢，得以順利參賽。

至今，我還是認為用心比經驗重要。唯有團隊中每個人都秉持理念，發揮執行力，注意細節，才可能達成目標。

第35堂 高度期望啟動成功正循環

卓越來自高度的期望。——運動心理學家 魏特利（Denis Waitley）

「請問：這次是否能夠達到一金、二銀、三銅的目標？」

「我希望不但要達成目標，更希望要超越這個目標，能夠得到三金、二銀、一銅。」

接近雅典奧運前，許多人關切中華代表隊的實力與成績預測。行政院體育委員會主任委員陳全壽先生訂下的目標是：「一金、二銀、三銅。」這樣的目標設定，不但是突破零金的紀錄，而且是有史以來最佳成績。

因此，當記者問我是否可以達成陳主任委員的目標時，我說了心裡的想法：「三金、二銀、一銅。」經過媒體強力報導後，引起一些負面的批評，認為這樣的說法不但不實際，還會增加選手的壓力。管理學的「比馬龍效應」，可以應用在運動員的表現上。領導者對運動員的期望很高，運動員的表現就會好；如領導者對運動員期望不高，運動員的表現不會好。

高度期望是成功之鑰！

運動心理學家魏特利（Denis Waitley）也認為：「卓越來自高度的期望。」

卓越運動員最有價值的特質是對成功抱著高度期望，在運動心理學的研究已證實運動員對成功高度期望比長期苦練更為重要。當運動員對自己有高度期望時，會期許自己去做超越自己的表現，做任何事情都會樂觀積極，而且這種樂觀的氣氛具有傳染性，會散布給其他人，增加團隊成長的動力。

行政團隊一向視奧運培訓選手都是奧運金牌選手。所有的資源運用都是以選手需求為核心。在二〇〇三年五月，跆拳道的訓練原是爭議不斷，但在教練與選手共同努力取得奧運參賽權後，是最先對成功贏得奧運金牌有高度期望的團隊。

射箭項目的教練與選手們在追求平奧運紀錄的目標下，成績突飛猛進。袁叔琪由低成就動機，轉變為志在奪金的高度自我期許。最有意思的是，劉明煌的射箭成績一直是落後的局面，在我告知他是金牌教練李啟式先生認為他的技術已具有贏得金牌實力後，表現令人刮目相看，不但選上了奧運國手，而且在雅典奧運有非凡的表現。

中華代表團出發到雅典前，我寫信給射箭隊的每一位選手與射擊的林怡君，祝福他們在雅典比賽之日就是勝利之日。至今，我仍相信高度期望是種心靈的語言，它是成功之鑰，使人們的思維更為積極，表現更為卓越。

第36堂 展現自信的微笑

你必須用笑聲摧毀敵手的嚴肅，或是用嚴肅擊敗敵手的笑聲。

——古希臘哲學家 高爾吉亞（Gorgias）

美國的俗語：「給孩子的最佳禮物是根與翅膀」。根指的是自尊，翅膀是放手讓孩子展現自我。自尊是成功的基石，有自重自信的人永遠是以微笑面對挑戰，懂得享受工作的樂趣。創造一個環境，讓青年自由發展，鼓勵他們不斷的嘗試，無拘無束地運用自己的天賦，讓他們成長茁壯，正如大鵬可在海闊天空中振翅翱翔。

二〇〇四年雅典奧運培訓隊的選手經過集訓，不論是技術、體能和心理素質上都具有明顯的進步。在七月二十六日授旗的晚間，國訓中心特別為即將出發的奧運選手辦了聯歡晚會，跆拳道選手們精采的服裝秀，展現出自信與優雅的氣質。

射箭選手們精心設計的射箭秀，具有創意和志在奪金的企圖心。袁叔琪高歌一曲「海闊天空」，表達出她對未來的自信與對自己的高度期許。

當奧運代表團進駐奧運選手村後，團本部的隊職員們謹守著出發前的約定，要保持微笑，要讓教練與選手有一個快樂的環境，可以享受雅典奧運每一個活動與競賽。在射箭排名賽的前兩天，我邀請了射箭隊的教練湯金蘭、施雅萍與隊長袁叔琪、陳詩園，一起討論賽前準備。

我建議了兩點：第一，放手讓選手自行發揮，教練適當協助選手保持微笑，讓選手享受競賽的過程。有研究指出微笑有益身心，不但紓解壓力，也會展現自信；第二，請每一位選手撰寫備戰計畫，希望選手就自己的心得準備自己參加比賽的策略，思考自己的目標，解決問題的態度與方法。

八月十二日，奧運開幕的前一天是射箭排名賽。女子的團體成績是第三名，男子團體成績是第二名。這樣的成績是我國參加國際賽的最佳成績，也奠定了射箭贏得奧運獎牌的基礎。中華隊在排名賽的佳績，震驚了其他參賽國家的教練與選手們，也很好奇中華隊為什麼進步這麼神速？

中國射箭協會裁判委員會主任郭蓓很欣賞我們的選手的表現。她說：「距去年世界盃不到一年，你們選手進步太快了。以這種實力有機會贏得金牌。我最欣賞他們笑的好開心，顯得好快樂。」

我很高興選手們能由笑容散發出自信，享受競賽的樂趣，也為自己努力所創造的成就感到自豪。

第37堂 勝者恆勝的關鍵

我相信勝者恆勝的信念，當一個人具備了奧林匹克精神——夢想、自尊、紀律、決心與勇氣的特質後，從事任何工作都會成功。

「你的壓力會不會很大？」隊醫周適偉問我。

「我們仍有射箭團體與跆拳道四位選手，我相信一定會贏得金牌。」我堅定地回答。

「你這是信念！」周醫師被我的態度而感動。

雅典奧運開賽初期，成績不太理想。預估有奪牌實力的選手，如舉重王信淵、射擊林怡君、桌球莊智淵、棒壘球隊都未進入決賽。射箭個人賽僅袁叔琪名列第四。許多人都擔心此次的奧運成績會很難看。

沒錯，我的信念就是「勝者恆勝」。當我們認知自己的目標後，就必須堅持信念，直到目標實踐為止。奧運的榮耀不是決定在一場賽事，而是一段奮鬥的過程。在這過程中的經驗教導了他們成功的基礎及具備了面對生命中的任何挑戰。

勝者恆勝是來自強烈目標觀念、高度自律與進取心，對任何事情都相信能夠贏得勝利。

奧運金牌得主一樣是普通人，只是在他們奮鬥邁向金牌的過程中，他們具有下列的特質：夢想、自尊、紀律、決心、勇氣與專注等。黃志雄、朱木炎、陳詩欣、紀淑如四位選手都具有上述特質。

奧林匹克精神「更快、更高、更強」的真義是「不斷超越自我而不是打敗對手」。當我們追求更好時，要時時反省、追求成長、進步與快樂。如果只想在競賽中贏過別人，那只會讓別人控制了你的生命與情緒。

黃志雄曾經告訴我，他在亞洲盃錦標賽時，伊朗國寶哈迪（Saeiboneh Rohal Had）僅以一分贏得他後，上前擁抱他說：「每次只贏你一點點，我期望我們在奧運見。」哈迪的表現，就是奧林匹克精神的典範。

我在奧運期間對射箭與跆拳道選手的要求：「尊敬你的對手，當落敗時向勝者致敬，因為他是你學習的對象；當勝利時去擁抱你的對手，因為他全力幫助你發揮了潛力。勝利不是打敗對手，而是超越自我。」

陳詩欣與朱木炎先後在同一天贏得金牌。黃志雄在第二量級金牌之戰，再遇哈迪，而得了銀牌，雖未得金，但為了國家榮譽，讓出自己擅長的第一量級，挑戰第二量級的勇氣，表現出真正運動家的精神。

我相信勝者恆勝的信念，當一個人具備了奧林匹克精神——夢想、自尊、紀律、決心與勇氣的特質，從事任何工作都會迎向成功。

具備奧林匹克精神——夢想、自尊、紀律、決心與勇氣，就能面對生命中的任何挑戰。（作者和朱木炎合影）

第38堂

成功的真義：幫助人成功

成功的秘訣，在永不改變既定的目的。——盧梭（Rousseau）

「奧運成功奪金的關鍵因素是什麼？」我請教朱木炎，希望他能夠分享經驗。「堅持，說得容易，但做到很難。」這簡單二字，正是答案。

陳詩欣與朱木炎在雅典奧運得到金牌，打破我國參賽七十二年以來的「零金魔咒」。奧運金牌選手站上成功舞台的背後，每個人都經過長期練習，參加無數次大小賽事，歷經失敗與挫折，仍然堅持不放棄，隨著經驗累積讓內在獲得鍛鍊而茁壯。

朱木炎在二〇〇〇年參加法國舉辦的世界杯，輸給了法國選手。有許多人認為是輸在「地主優勢」、「裁判不公」，但是他自己則認為輸在攻勢不明顯。經過這次經驗，再次面對比賽則採取攻勢得分一定要明顯，面臨比賽落後時，依舊奮戰到結束為止。

陳詩欣在二〇〇三年世錦賽與奧運世界區資格賽的國手選拔都失利，但她並沒放棄，而是找出失敗原因，克服了自己體重不夠、肌力不足、體能不佳等問題，才會被徵召為亞洲區資格賽的選手，當成功贏得金牌後，也才有機會參加雅典奧運。朱木炎與陳詩欣的堅持，使他們成功地贏得奧運金牌。

我們不能將贏得金牌就視為成功。就如，一九七二年慕尼黑奧運，年僅十七歲俄羅斯體操選手娥嘉柯布特（Olga Korbut）贏得三面金牌。她豐富的肢體語言贏得大家喜愛，一夕之間由無名小卒成為世界知名人物。因為一直活在奧運金牌的光環與世人掌聲之下，導致她無法適應現實生活，二〇〇〇年時，遭遇婚姻破裂，財務困難，又涉及偷竊，使得生活陷入困境。

真正的成功不僅是在專業領域成功，在個人生活也要圓融通達。成功者是努力達成目標，使自己及他人受惠，發揮生命價值。我告訴黃志雄，很擔心他們回國後會迷失在掌聲與閃光燈下。黃志雄說：「我們已經商量好了，要一起從事公益活動，回饋社會。」

黃志雄了解成功的真義，不是追逐名利權位，而是幫助他人成功。當我們關心別人，關心社會，就有改變世界的力量。

雅典奧運能夠成功贏得金牌，除了選手自身努力外，也有一群人以幫助選手成功為己任：行政院體委會與國訓中心、中華奧會的行政人員、運動科學與教練、陪練員、醫師與防護員的長期投入及企業界的贊助，這些人眾志成城協助選手，奧運得金的夢想才會實現。

我國代表隊在雅典奧運成功贏得二金、二銀、一銅的歷史最佳成績，應驗了成功的真義正是幫助選手成功，堅持理念，就能達標。

附錄

◎二〇〇四年雅典奧運回顧　劉慶文
◎態度取決於人生的高度　陳詩欣
◎做別人不敢做的夢　朱木炎
◎做好準備，隨時迎接挑戰　黃志雄
◎教練的藝術　宋玉麒
◎在對的時間遇見對的人　湯金蘭
◎二〇〇四年雅典奧運回顧　林政賢
◎挑戰自我的意義　陳詩園
◎生命中的貴人　李來發
◎二〇〇四年雅典奧運會射箭隊備戰計畫
◎二〇〇四年雅典奧運中華台北游泳隊選手參賽心得
◎讀《重返艷陽下》心得報告

二〇〇四年雅典奧運回顧

二〇〇四雅典奧運跆拳隊教練　劉慶文

二〇〇四年雅典奧運跆拳道選手陳詩欣、朱木炎奪得金牌、黃志雄奪得銀牌，締造二金一銀的歷史佳績，是國內體育運動項目的一大突破，也打破期十二年來我國加奧運正式比賽零金的魔咒，當中華台北會旗，在雅典奧運跆拳道場地緩緩升起時，全國民眾歡欣鼓舞、感動落淚，教練團長期辛苦的付出也獲得了回饋。

其中最要感謝的人物是；當時擔任行政院體育委員會競技處處長彭臺臨先生，彭處長賦與教練團的唯一目標，就是金牌，為了達成奪金任務，不但積極參與、全力支持，教練團同時獲得充分授權，在跆拳道奧運培訓期間，大量提供軟體硬體設備、各項行政支援，例如人力支援、器材添購、國內外移地訓練、模擬奧運比賽、突發狀況的危機處理……等，跳脫傳統制式的管理方法，讓教練團能毫無後顧之憂全力衝刺，講求時效發揮個人專長，得以不斷創新、開發，及時蒐集世界各國選手資訊，擬定破解方法及對戰策略，奠定選手比賽的信心和穩定性，方能突破重圍締造佳績。

每當看到彭台臨處長蒞臨國家訓練中心時，總是散發高度的雄心毅力和強烈的企圖心，在彭處長的感染下，無形中給與教練、選手強大的信心，對教練、選手來講就是最大的激勵。除此之外，彭處長還不斷的提供，一些國際運動選手成功的勵志書籍，與教練選手分享，增強教練、選手勇往直前、全力以赴的決心，和對達成目標的期待，更是創造了，跆拳道團隊士氣凝聚的動力。

跆拳道為了築夢，歷經千新萬苦，不辭辛勞邁向奪金目標，選手汗水夾帶淚水，全身傷痕累累努力奮戰，教練們離家背景，用盡心思，神經緊繃，戰戰兢兢不敢鬆懈，然而教練只是在旁邊協助的角色，我們都知道選手的努力固然重要，但在幕後推動的雙手，卻是影響結果的關鍵要素，這就好比一艘船，船身再堅固、水手再優秀，但若是船長掌舵時迷失了方向，這艘船鐵定到不了目的地。彭處長以他的睿智，以及堅毅不拔的精神，全程投入及督導就是這重要的船長，是他帶領選手走向勝利的道路。

態度取決於人生的高度

二〇〇四雅典奧運跆拳金牌　陳詩欣

二〇〇四年雅典奧運中，我成為中華民國第一位奪得奧運金牌的運動員，我知道很多人在國旗冉冉升起的那一刻和我一起哭了，那淚，百味雜陳，是奪金的喜悅之淚、是為國爭光的激動心情、是劇痛腳傷的一個宣洩出口，更是讓臺灣被世界看見的驕傲。

但是，奪金的喜悅冷卻之後，我們（朱木炎、黃志雄、紀淑如和我）知道，如果不是背後有許多人鞭策、支持、指導、撫慰……這些看不見的力量，光靠運動員和教練，是無法完成這項不可能的任務，其中，彭副署長扮演了最適切的良師嚴兄的角色。

初次在左營國訓中心聽見彭副署長說話，就知道他是會做事、肯做事的人；最深刻的印象之一，是奧運選拔期間，要選出最優秀的選手，選拔賽分亞洲區和世界區，因亞洲區成績不理想，因此彭副署長力排眾議，採用徵召的方式，可想而知會有一些不同的意見，但是，愛才惜才的彭副署長，排除萬難為優秀的選手，爭取權益和機會，當時的魄力和果決，令許多人敬佩至今。

彭副署長自己也是個運動員，所以平時跟選手很親近，像朋友家人一樣，體貼細心，互動零距離，對男選手像 body，對女選手像兄長，但是對於奪金重點項目卻是執行得很徹底很嚴厲，他非常要求紀律、學習態度和生活規範。尤其是經常強調運動家的精神，他最常教導我們：「要為成功找方法，不要為失敗找藉口。」

喜愛看書的彭副署長也常找一些勵志的書跟大家分享，我最受用的一本書就是《運動員的精神》，許多運動員前輩的成功經驗的分享，都直接激發我們的勇敢和信心。此外，彭副署長也常找外國的好書，來開闊我們的視野，當我們遇到挫折的時候，會更堅定信念，對我們有許多正面的啟發和積極的突破。他常說：「態度取決於人生的高度」，也激發我們永不放棄的潛力。永遠有燃燒不完的熱情的彭副署長，對運動員退休的生涯規劃特別重視，他常舉吳經國前輩的例子勉勵我們要在國際舞台發聲，把臺灣的運動成績讓世界看見。

我自己天生也有不服輸的性格，加上受他教導的永不放棄精神，希望繼承他的步伐，為臺灣培養更多金牌運動員！

做別人不敢做的夢

二〇〇四雅典奧運跆拳金牌
二〇〇八北京奧運跆拳銀牌　朱木炎

第一次看見彭副署長是在二〇〇三年，當時彭副署長是體委會競技處處長，一開始沒有太多的交談，所以認識也不深。但隨著見面的次數增加後，我們開始有了一些談話。他總是跟我分享一些他看過的書，或是他的人生經驗，令我印象深刻的是他要求我們看一本書，然後要在國訓中心週會時上台分享。這個經驗讓我既深刻又緊張，我要怎麼面對大家？要怎麼說話？要說什麼？要準備什麼？好多好多的問題跟細節需要準備。

他告訴我，準備好就會有信心，雖然只是短短的幾分鐘，但看書跟整理的時間，可能是好幾天或是好幾周，這不就是跟比賽一樣嗎？我們花時間努力辛苦的練習，目的就是把練習的能力發揮在比賽當中。比賽結束後要找出缺點改進修正等等，所以也好像沒有這麼恐怖，把訓練跟比賽的經驗與生活結合，用運動員的「韌性」去面對我們的人生。

老師是一個行動力很強的人，只要覺得是對的事他就去做。他常說：「沒有試過怎麼知道行不行？」不瞭解他的人，可能會覺得他的目標太過於天馬行空，但是他敢做別人不敢做的夢、說別人不敢說的話、做別人不敢做的事，只要是他設定的目標，他一定全力以赴。

我知道彭老師與癌症對抗多年，他對他的身體狀況總是抱持著樂觀的態度。樂觀面對挫折是一種很棒的態度，但要實際做到並非是件容易的事。相信他在對抗病魔的這些日子，一定經歷了許多無奈的事，不過每次見到他時，總是給人精神百分百的感覺，看到他如此的樂觀，我總是會從心裡不自覺的佩服他，佩服他的精神、佩服他的態度。假設換成是我，不知我是否也能跟他一樣如此樂觀的面對生活中的挫折？

還記得二〇〇九年時，他跟我分享他的興趣是玩帆船，他想要以選手的身份代表國家參加比賽，老實說我聽到後是半信半疑，因為彭老師的年紀稍大，所以應該是不太可能，但是又知道他是一位勇於面對挑戰的人，所以也不得不相信，沒想到最後真的做到了。

彭老師跟我說他要代表台北市，參加一百年的全國運動會，我聽到後非常的感動，他要邊工作邊準備賽前的訓練，這一切非常的不容易。但是他跟我說：「最後不管有沒有達到參加奧運的目標，但這就是夢想。」他也敢放手去做，他的精神是非常值得我們學習的。你的夢想是什麼？工作之餘是否願意犧牲玩樂的時間，去投入自己的夢想，讓人生過得更精彩呢？這點我在彭老師的身上看到了！

做好準備，隨時迎接挑戰

二〇〇四雅典奧運銀牌　立法委員　黃志雄

二〇〇三年，當所有人都不看好台灣的選手可以奪金時，唯有彭老師願意站出來，擔任起這吃力不討好的角色。當年彭老師從體委會綜合計畫處，自動請纓轉任競技處長，為雅典奧運備戰，終於在他的高度熱情、堅定的信念及萬全的準備下，如願以償的摘下二〇〇四雅典奧運金牌的甜蜜果實。

我必須說，二〇〇四年的雅典奧運奪金之路，能夠共同參與真是何其有幸。因為身為國家選手，我們付出了青春歲月，用苦練、汗水與耐力充實每一次的實力，以換取每一次的參賽權利，為了就是能在奧運殿堂摘下金牌。彭老師深切體認到我們奪牌的渴望，於是願意擔起選手後盾的重責大任，他也經常找我們聊天，透過閒聊進一步瞭解選手們的想法，並為我們量身打造不同的訓練環境，以求取奧運最佳成績為目標。

奧林匹克運動會是世界體壇最高競技殿堂，也是世界各國爭相挑戰極限、追求國力象徵的競技舞台。台灣從一九三二年參加洛杉磯奧運，都還未能突破「零金障礙」，這條奧運金牌路，我們花了七十二年終於走到，二〇〇四年跆拳道在雅典奧運為台灣贏得二面金牌，我相信在屬於我們旗幟升起的那一刻，國人的內心想必是相當激動甚至是熱淚盈框。

距離二〇〇四年已經過十一個年頭，但是當我聚精會神詳讀了一番後，我心中的感動依舊存在，因為在書中我看到彭老師，為雅典奧運備戰時的用心與熱情；我也看到彭老師，勇於作夢敢於實踐的運動人特質。在奧運備戰期間，彭老師帶領競技處所有同仁，就像在帶兵打仗一樣，每天都想著「要如何幫助這些人」、「要如何幫助選手拿牌」、「要如何為國家爭光」，這些都是他每天必須面臨的挑戰。我很開心可以一起與彭老師走過二〇〇四年的圓夢過程。雖然我選擇退出原本的量級而獲得銀牌，但對我來說卻是完美的一仗，只因為我與彭老師一樣抱持相同的理念——「承擔與責任」。

當時國內欠缺可以參與奧運第二量級比賽的選手，而我有自信也有這份責任，必須擔起這樣的重任，就像當初彭老師毅然決然，擔起雅典奧運奪金計畫一樣，我們同樣「做足準備，然後隨時迎接不同的挑戰」。

這本書除了用文字，簡潔的記錄台灣獲得第一面奧運金牌的歷程外，其書中所提及「贏的策略」不只可運用在運動場上，更可以運用在人生道路上，尤其我們應該試著嘗試偉大的夢想，然後喚起心中的巨人，面對困難與挑戰，即使遭遇挫折，也遠勝過害怕失敗的逃避心態。

期望透過這樣的著作，勉勵讀者以奧運「更高、更遠、更強」的精神，面對未來未知的挑戰，讓讀者可以體認到，運動員努力求勝的意志力表現，而對未來有所啟發，用心做好迎接每一場挑戰的準備。

教練的藝術

二〇〇八北京奧運跆拳銅牌　宋玉麒

記得二〇〇八年五月，當時我正在國訓中心，一如往常的日子：訓練，吃飯，休息，訓練。此時的我剛結束了一場比賽，洛陽的亞洲錦標賽，其他的三位奧運國手，奪下了三金的成績，而我卻是在第一場就落敗。

時間是中午十二點，我正坐在餐廳裡吃飯，腦袋裡的思緒相當的混亂，放棄與繼續的念頭一直在徘徊，忽然有一位白髮蒼蒼的長官，坐在我旁邊的位子上，他開口道：「玉麒啊，我相信一位得過世界冠軍的選手，他一定有在奧運奪冠的實力。」這就是我與彭老師第一次的交集。

「彭老師」，這是我對他的稱呼，或許與其他人不相同，我較常聽到別人稱他為彭參事，但對我而言，他是我教練生涯的良師益友。奧運結束後，我常在想一個問題，為何當時的一句話，對我的影響是那麼的重大。令人玩味的是，這句話並不是多麼華麗熱血的詞句，而是我常常聽到的一句話，這個謎團在二〇〇九年，我終於了解。

二〇〇九年，我有幸參與國家隊教練訓練工作，剛轉教職的我懵懵懂懂，對於教練價值的定義，僅限於操場與訓練場的工作者。此時，老師給了我一本書《COACH》，這時我才瞭解，「教練」不等同於訓練員，他是教育者、科學家、理學家、企業家的綜合體，「教練」這個名詞，是一個藝術。這時才體會到，教練這個工作的困難，也才明白，當時老師的話，能夠引起我那麼大的共鳴，其中對選手的生心理狀況，需要多麼的瞭解，才能適時、適當的給予選手實質上的幫助。

二〇〇九年至今，我仍然在教練這個職位上努力，經過了兩年學習，卻越發現教練的複雜與困難，時常耳聞彭老師四處奔波學習，試圖為台灣體育，找尋教練的最佳定義，與科學的訓練方式而努力。我想，老師選擇的這條路是充滿困難。畢竟，訓練這門學問太深太複雜，光瞭解就不是件簡單的事，何況是要調和成完美比例。但老師仍在努力收集、整合、分析、制訂，讓我佩服不已。

二〇〇九年老師的話猶言在耳，「做一位讓人尊敬的教練，而不是讓人喜歡的教練。」這句話成為了我的座右銘，我也時常分享給學生與朋友。雖然我與彭老師接觸的次數不多，但他對我的幫助與啟發，一輩子受用不已。我很期待，老師的目標有一天可以成功。

在對的時間遇見對的人

二〇〇四雅典奧運射箭總教練　湯金蘭

當「金牌處長」彭台臨先生打電話給我，告訴我他要出書的消息後，我一直在構思要如何簡潔敘述「那一年，我們一起追夢的日子」，讓大家瞭解二〇〇四年雅典奧運會射箭代表隊的表現，確實是我國射箭項目，奧運參賽以來的最佳成績，而且是奠定未來射箭項目，邁向奧運奪金的基礎與典範。

嚴謹與批判

第一次認識彭臺臨先生，當時他擔任行政院體育委員會，綜合計畫處處長，我為二〇〇四年雅典奧運黃金計畫，射箭精英選手培訓經費申請案向他作口頭報告，結果彭處長狠狠的批判了我的提案，因為事關公帑的運用，他對計劃執行的要求與嚴謹讓我對他印象深刻。

找對的人作對的事

二〇〇三年九月份，我經協會遴選擔任二〇〇四年，雅典奧運培訓計畫總教練一職，在我執行整年度選訓計畫時，發生了一個插曲：我擬定的奧運國手選拔辦法中，共計七場國內賽事，選拔競賽積點比例一場比一場重，就在第一場選拔賽結束後的某一天，我被通知去面見當時的，體委會副主委林德嘉博士與彭台臨處長，副主委及彭處長問我，能否將選拔辦法做些許調整，因為有優秀選手與教練向他們反應，如果最後選出來的奧運國手中，有好手中箭落馬，會不會影響奧運參賽表現。

我向他們表示，如果選手無法通過公平嚴苛的選拔，又將要以什麼能力去參加奧運呢？而總教練所提計畫，若不能貫徹執行的話！我將辭去總教練職務，就在彭處長的支持下，選訓計畫得以徹底執行，在一場又一場的選拔賽後，我們檢討選手技術表現的分數，透過量化分析讓我們對奧運奪牌愈來愈有信心。

而另一件事，也讓我對彭處長的執行力刮目相看：二〇〇四年七月份，奧運射箭代表隊人員名單確定，就在我得知，奧運代表團的運科工作支援名單中，並沒有人能夠協助射箭隊的運動競賽心理事務，我打電話給彭處長，向他說明運科心理人員，對我射箭隊奧運奪牌的重要性，因為在奧運射箭奪牌計劃執行中，洪聰敏博士與他領導的心理學實驗室的成員，已經協助射箭選手學習運動心理技能半年多了，如果在比賽時，找一個教練和選手都不認識的心理學家來輔導我們，將無法真正達到幫助的效果。

經過我的解釋與分析，彭處長指示射箭協會以專簽呈報後，核准洪聰敏博士以工作團成員身分，到雅典協助我射箭代表隊，在高度壓力的奧運射箭競技比賽當中，心理因素確實是決定勝負的重要關鍵。

在對的時間遇見對的人

回顧二〇〇四年雅典奧運會射箭代表隊，獲得男子團體銀牌與女子團體銅牌的成績，我很榮幸與許多人認識與共事，在體委會的科層體制下，時任競技處的彭臺臨處長承上啟下，紀律嚴明的執行奪金計劃，他的確是一位「關鍵人物」。

奧運射箭奪牌的結果是一群人團結合力、眾志成城的展現，我感念當時協會呂瑞瓊秘書長、李慶平理事長、許馨文科長、運科召集人相子元教授、心理學洪聰敏教授、運動生物力學湯文慈教授、生理學張嘉澤教授、營養詹貴惠教授、周適偉醫師、林政賢教練、施雅萍教練……，和許多幫助我代表隊完成奪牌任務的好朋友們，我在對的時間遇見了你們，心存感激。

勇敢追夢、美夢成真

彭處長是一個特別的人，那一年很多人並不看好奧運射箭奪牌，但是他用他的信心與勇氣帶給我力量，也帶給我代表隊正向的心靈能量提昇，他要求我執行選手的參賽計劃撰寫，用踏實的步伐引領我教練團與選手，一步一步的邁向奧運奪牌的目標，正所謂「有夢最美、築夢踏實」。二〇〇三年、二〇〇四年是我教練生涯中最難忘的日子，我用「堅持」兩個字不斷激勵我教練團與選手，因為惟有「堅持」我們才能克服所有難關、勇敢實現夢想進而達成目標。

相信這本紀錄奧運奪金的書，絕對能夠對我等後輩產生啟發與引領的影響，謹向「金牌處長」至上我最深的祝福與敬意。

二〇〇四年雅典奧運回顧

二〇〇四雅典奧運射箭隊教練　林政賢

運動員的最高榮譽無非是奧運奪牌，很幸運的，有其榮幸成為奧運少數的奪牌教練之一，回顧二〇〇四年奪牌時的喜悅，一切彷彿就像是剛發生，記憶還是如此的清晰。

猶記得在二〇〇四年雅典奧運賽前，在每天的訓練上，經常會遇見彭副署長，他總是一直告訴教練團，射箭一定可以奪得金牌，要我們以金牌為目標，一切的訓練都是為了超越世界紀錄，當超越世界紀錄時，奧運金牌必定能夠順利的奪下。這樣的想法，在當時說來慚愧，身為奧運代表隊教練的一份子，竟然連想都沒想過要奪下奧運金牌，但經由彭副署長不斷的教導之下，想法慢慢的產生了變化，心想，若沒以奧運金牌為目標，那參加奧運一點意義也沒有，我們這一次要為臺灣寫下歷史，也要為射箭跨出成功的第一步。

二〇〇四年雅典奧運比賽的前一天彭副署長找了我聊天，在那天晚上，彭副署長告訴我他得了癌症，但從他身上我感受不到他的病痛，我只感受到他強烈奪牌的信心，我在當天晚上也承諾了彭副署長，我一定會全力以赴的幫助選手，以奪得金牌為目標，當晚和彭副署長聊完，一轉身離開，我的眼淚竟不自覺的流下，流下的是感動的淚水，第一次覺得有長官這麼真心的對待著運動；第一次覺得長官不像長官；第一次覺得射箭真的可以奪牌。

比賽的結果，我國射箭第一次奪得男團亞軍及女團季軍，這樣的成績是空前，但是不是絕後我不知道，只知道只要有彭副署長一直帶領著我們，一直給予我正確的觀念，我相信這樣的成績肯定只是射箭的起點。

二〇〇四年雅典奧運改變了我的想法，也改變了世界看待臺灣的看法，這一年我們化不可能為可能；這一年也成長了許多，現在想想，為何會成功，自己將此次成功的經驗規納為以下幾點：

一、有著優秀的領導者
二、有著強烈的奪牌決心
三、良好的團隊管理
四、訓練目標設定正確
五、運科與訓練的結合
六、正向思考的教育言論

彭副署長常教育著我，要心存感激，對一切事物都要抱持著感恩的心，唯有懂得感恩才能夠有機會成長；才能夠有機會奪牌，這對我而言不僅是運動的態度，為人處世的道理也是如此，時時刻刻懂得感激，才能夠時時刻刻的檢討自己。彭副署長雖不是體育出身，但他的表現卻比體育人還要體育，勇於承擔的精神更是值得我所學習的。

為成功找方法，不為失敗找理由，這也是彭副署長一直在教育著我的一句話，很多人總是會為自己的失敗找台階，甚致會將失敗的原因推拖給其他人。推拖是人之常情，但若想在運動的最高殿堂（奧林匹克運動會）取得好的成績，就必須勇於承擔，記取失敗的教訓，找出成功的方法。

簡短的幾字，很難將所有的感觸說清楚道明白，只能說，我會繼續記取彭副署長的教誨，增進自我的智慧，以邁向卓越為目標。

挑戰自我的意義

二〇〇四雅典奧運射箭銀牌　陳詩園

看完此書，讓我回想起在二〇〇四年雅典奧運準備，以及比賽過程中的點點滴滴，憶起在當時整個比賽的準備過程。當時的彭副署長給我的感覺，僅僅是個很會讀書的官員，他不是運動員出身，沒有任何一項運動專長，不懂體育、不瞭解運動，更何況是要帶領這些，專業出身的教練選手前進奧運殿堂，並獲取奧運獎牌；我心中不免起了一個很大的疑問。而在二〇〇四年奧運會的培訓與集訓期間，彭副署長的所有的想法及作法，都讓我感到很「驚奇」，譬如找運科人員，做一些過去不曾做過的特殊訓練方式，比賽前要我們寫作戰計畫，請外籍射箭教練來台執教……。這些獨特且陌生的訓練方式與賽前準備，在當下的我是非常排斥的，心中總是覺得，應該把寶貴的時間，用於加強專業技術方向上，我心中有自己對於訓練的想法，同時我也知道該用何種訓練方式，才能提升訓練成績，為何要一直安排特殊的課程，來剝奪我的訓練時間。我當時一直認為這樣的訓練方式，不是助力而是干擾我成功的阻力。

「特殊訓練方式對競技成績不會有幫助。」的這個想法，在我心中一直徘徊不去且不曾更改過，直至讀完彭教授這本書後，心中的疑惑終於獲得解答，在此書裡他提及為何要運用這些訓練方式，來協助運動員，這些訓練方式對於運動選手的身、心、靈有何益處，此時我終於可以理解，為何他要百般堅持使用這些特殊方式在訓練上，也因此我對於特殊訓練，有更深一層的認知，並且相信這些特殊做法，對於提升競技成績是有所助益。

在書中也集結了許多「卓越」運動員的篇章，這些運動員之所以可以跨越優秀而晉身為卓越，主要在於他們的人格特質，以及在對事情的獨特的想法，例如書中提及的丹．傑森，他擁有冬季奧運競速滑冰五百公尺的世界紀錄，但他參加了三次奧運皆無法站上頒獎台，而在他第四次挑戰奧運獎牌時，於參賽前記者問他：「如果這次再沒奪牌，你將是史上最快速的滑冰者，但未拿過奧運獎牌。」傑森回答：「那是看事情的一種方式，但我會用另種方式看事情，這是我第四次參加奧運，我有機會成為成功的奧林匹克人。」這一席話讓我想到過去自己總是在意別人對自己的看法，而忽略奧運精神「更快、更高、更強」的本質，奧運精神所追求的是自我突破，堅持你所從事的運動，而並非僅專注在獲得獎牌這件事情上面。

身為一個運動選手，過去我所在意的，是如何站上頒獎台享受那榮耀的時刻，但只專注在獲獎的那一瞬間，往往會給自己造成許多的壓力，而忽略了挑戰自我的真正意義，而在經過奧運的洗禮後，我的想法有很重要的轉變，我認為運動應該不只是運動，應如同本書中所闡述的奧運精神一般，要不斷的挑戰自我，進而成為成就自我的重要基石。

生命中的貴人

二〇〇四雅典奧運棒球教練　李來發

近三十年來的教練生涯中，能走得如此順遂，除了自我努力外，也感謝許多貴人能適時給與言語上的鼓勵或行動上的支持與協助，特別是前體委會競技處的彭臺臨處長，即是我教練生涯中的重要貴人。

二〇〇三年備戰攸關於奧運棒球參賽權的亞錦賽時，於國家訓練中心第一次見到彭處長，便感受到彭處長對於提升我國體育成績，那種「捨我其誰」的精神，並以自身的精神來鼓勵選手和給予教練在訓練上的協助。

尤其彭處長在當年得知我國在亞錦賽的困境與重要性，即給予各方面的支持，並協助中華棒球教練團參與古巴的棒球教練研習會，那次的學習機會下，在棒球技術、體能訓練和觀念下都收穫良多，也得以有機會協助中華成棒代表隊，在二〇〇三年札幌亞錦賽上創造了奇蹟。

此外，在我退下職棒教練後，回饋於基層教練時，也面臨是否同時要回學校進修的抉擇，彭處長給予我一句話：「當層級越高；職權越高的教練，越要進修」的鼓勵下，讓我能決心挑戰自我，並順利完成碩士學位。

因此彭處長對於提升我國體育成績的精神和實際的行動，值得大家學習，而體育相關人士更是不能錯過此書。

◇袁叔琪

無論資格賽、對抗賽，多以一種心態去面對，不去在乎結果，不去聽從別人告訴妳應該怎麼去做，不去問自己該怎麼做，而是所有狀況多保持清晰，冷靜判斷，最後，這種心態只有一個前提——多不滿足。

◇吳蕙如

對抗賽時，先放鬆避免緊張。只要穩定，鎖定九分圈內。平常心，射自己的。不要管敵方的分數，盡量將自己的分數提高。

◇陳麗如

排名賽後的對抗賽，或許我排名較前，也許排名較後，在我進對抗的第一輪用心去抵抗外來的因素，以及內心所演發出的壓力，注意後手的深發力量，在最快的時間，抓到自己的中心點。在進入十六分之一時，也有可能天候影響，會多注意瞄點問題，盡量不去注意對手的分數，以免影響自己放箭時的顧慮，那當然對手如果不想進八分之一的話，但勝負還沒有分出之前，我會全力阻止他進八分之一。面對對抗制的方式所產生的金牌，這場戰才會打得刺激。

◇陳詩園

準備了一年比賽終於來臨了，我抱著無比的期待及信心要將這場盛會完美的開始及結束。

相信大家都知道奧運是四年一次的運動會，也是所有運動員夢想實現的最佳場合，而我也不例外，我不只一次的幻想自己在奧運會上奪下冠軍，每次一想起奧運就會讓我興奮的睡不著；我也因為奧運而更努力的練習，一直想證明我自己是全世界最優秀的運動員，唯一的證明方式就是這場賽會了，這場賽會的意義不僅有如此，這場賽會是在奧運的發源地雅典所舉行的，如果可以順利的實現自己的夢想，那真的是我這一生中最美好的回憶了。

射箭比賽中，有個人賽及團體賽，唯一不同之處是，個人賽要單打獨鬥，而團體賽是要依靠團隊合作完成的。在國訓中心的這段日子裡，我們幾位選手都已經培養出良好的合作默契，每個人都很清楚自己的定位為何，適合第幾棒及使用的時間會多少，這些多是在日常生活中早已培養及訓練出來了，所以無論是個人賽或是團體賽，我想我的態度都會是一樣的，相信自己及相信隊友。

在個人的排名賽中，其實對我來說並沒有什麼壓力，因為只是排名賽，並沒有淘汰，不過在對抗賽中，壓力相對的會比較大，自己常跟自己說，保持平常心就沒問題了，不要太在意對手的分數，只要專注於自己的動作，其他的根本就不用去擔心，我一直深信著，只要戰勝自己，比賽當中射出自己應有的水準，無論對手是誰，我想我已經贏了，戰勝自己就是勝利！

團體賽中，我想我扮演的角色是要安隊友的心，讓大家的表現可以比平常還要更好，這樣才有獲勝的機會，畢竟在團體賽中，是不容許有失誤發生的，就算發生了也不可以驚慌，必須讓自己鎮定下來，也要讓隊友充滿鬥志，奮鬥到比賽的最後，無論對手是那一個國家，我們的目標就是不斷的破紀錄，只要我們達成我們自己的目標，我想這就是勝利了。

勝利的果實是甜美的，但這過程有太多的辛酸歷程了，我與隊友們一步一腳印的來到了雅典這奧運的發源地，我相信我們不會白來的，我的目標很明確，我必定會戰勝自己，突破自己的成績，進而站在世界的最高峰。

◇劉明煌

這次賽程有十二天，在第一天資格賽，只要放鬆心情，不要給自己太大的壓力，而是要把自己在練習中該有的水準表現出來，抓出最好的感覺給自己更大的自信，這樣成績相對的能夠表現，而且也更充分的能夠在之後對抗賽中，發揮更好的水準，在對抗賽中要有強大的自信、體能才能面對之後的對抗賽，在這兩方面我想我是沒問題的，因為我們已經準備這麼久了，現在這時候，是要更確定自己的目標，很清楚很明白的知道我自己要的是什麼？這樣就能夠發揮面對自己的對手取得勝利。

要跟別人不一樣，這樣才會有不一樣的表現。

◇王正邦

再過三天我們的排名賽，即將開始，在比賽的當天我會讓自己以興奮及喜悅的心情來和當天的排名賽程盡情享受，這樣可以讓我在比賽中得到更好的感覺，因此能夠讓我發揮我的自信心，來應付我日後的每一場對抗賽，有信心就有如我常對自己說的，為了這麼久就是要打好這場比賽，讓它圓滿的成功，所以我對自己和另一個人常勉勵自己的話「有信心不一定會有機會，但沒有信心，機會就是別人的」，這就是我的目標，以信心戰敗對手。

二〇〇四年雅典奧運中華台北游泳隊選手參賽心得

◇王紹安（男五十公尺自由式）

唉！只能怪自己太緊張，訓練不夠認真，這次奧運回國後要把課業補齊，不想因為訓練比賽而被當，先把學業完成，因為要進步成為世界級選手，必須到國外接受不是人的訓練，以及孤獨寂寞的訓練，要不在臺灣就想一步登天成為世界冠軍那是不可能。（二〇〇四年八月二十二日）

◇陳德同（男兩百公尺自由式、男四百公尺自由式）

由於是第一次比賽，這樣如此大的比賽，難免有些小緊張，雖然明明知道會輸，卻鬆不了，在比賽的過程，完全不知道自己在想什麼？滿腦子的問號？這是原因之一，過於的對自己沒信心，只知道緊張會輸，產生的壓力太大，導致全身僵硬，越游越沈。

配速方面覺得一切都還行，只是前面快了點，尾段沒力且僵硬，使得身體無法水平，游起來更累，雖然這次比賽跟預期的差很多，更期待明年東亞運、亞運能游出好成績。（二〇〇四年八月二十二日）

◇葉子誠（男兩百公尺蝶式 2：06：54）

只能說自己在比賽時太過緊張，身體僵硬的跟石頭一樣，第一次見過大場面，讓我不知道從哪裡開始起步，最遺憾的是沒有把自己的成績游出來。

這次比賽讓我學到很多，原來外國人游泳比我們快很多。

而他們也很有風度，自己隊的人不管輸贏到終點都會拍手。而能進準決賽的人更是會緊張，因為加油聲大的可以。如果下次還能比奧運的話，我希望能進準決賽。（二〇〇四年八月二十四日）

◇林昱安（男四百公尺混合式）

這次比賽中，可以讓我知道我抗壓力不夠。在比賽前的熱身，我游的很順，而且我把心情調得不緊張，可是在我坐在點錄處時，我就開始緊張，在點名前我想的東西全忘了，我站在跳水台上時，只能聽到心跳聲，一下水我完全沒照配速游，所以我游一百我就沒力了，經過了這次的經驗，我下次一定不會再犯，用著平常心游出自己的最好成績。

◇王韋文（男兩百公尺蛙式 2：20：64）

太緊張、沒經驗、配速亂掉，這大概是我這次退步的主要原因吧！

之前都沒有比過如此大的比賽，而且又是第二次出國比賽，超緊張的啦！賽前準備雖然不錯，也很有信心，也很興奮，所以一下水就沒按照自己的配速游，第一個一百就游一分零六秒，快接近我一百的最好成績，所以後面都沒力了。

這次回去必須更努力更自我要求，希望在今年的亞分、亞洲盃、明年的東亞運能夠有更好的成績。

◇ **吳念平**（男一百公尺自由式、男兩百公尺混合式）

這次是我第二次參加奧運，上次在雪梨的時候第一次見到那麼大的場面，所以比賽的時候很緊張，成績也不怎麼理想，而這次因為有上次的經驗，在此次比賽的時候壓力就沒有那麼大，成績也是在預期之內，雖然比自己最佳成績差，但是我想這是之前訓練不足的問題，在七月一日到達國訓中心之前，我很少有持續正常的訓練，因為課業的關係常常佔用到平常游泳的訓練時間，重量訓練更沒有時間做，所以到國訓中心的那一個月的集訓，其實還來不及讓自己調整到最佳的狀態。

我這次比賽的項目是一百公尺自由式和兩百公尺混合式，比一百公尺自由式的時候，從出發到轉身前感覺都不錯，配速也都在掌握之中，但是轉身過後就明顯的加速不了，到最後整個身體都僵硬掉，而在比兩百公尺混合式的時候，也是前面一百公尺的配速都很理想，後半段的耐力不足，在蛙式的時候速度也提不起來，所以我想我這次來雅典比賽的缺點，主要就是之前的訓練做的不紮實，如果集訓的時間能夠多幾個星期的話，這次的成績應該會比現在更好。

◇ **陳卓逸**（男一百公尺蛙式 1：03：94）

本次比賽我是全游泳隊唯一一位成績進步的選手。成績突破了二年前亞運在預賽游出第四名的成績。相較於隊上其他選手未能發揮應有實力，我認為差別就是大型比賽參賽的經驗，本次游泳隊可說是一次世代交替後所組成的隊伍，除了當年參加過亞運的三名大學生選手外（吳念平、王紹安和我），其餘選手大都是國高中生，之前頂多參加過亞洲級或是城市級的分齡賽。

面對第一次參加奧運這樣的世界第一級大賽，許多隊友向我表示，他們光看到場外數千名觀眾及來自世界各地的媒體，就不由自主的緊張起來，從心理影響到生理，於是下水後把自己的配速都搞亂了，如此當然發揮不出自己平日的實力。

這種面對大場面的風度，沒辦法靠平日的練習訓練出來，完全要靠以往的參賽經驗。我很幸運地有完整的參賽經驗，從東亞運、亞運乃至世界盃及本次奧運。所以我很強調的是，國外的選手大都從十幾歲到二、三十歲的年齡層分布，有老幹有新枝，除了實力之外，還能有經驗傳承的功能。總而言之，希望今後不只要培養國高中的年輕選手，對於實力及經驗都豐富的選手，更是需要國家及協會都支持，才能使國內整體實力向上提升。

◇程琬容（女一百公尺蝶式、女兩百公尺蝶式）

對於這次比的二項成績都不是很滿意，在國訓的練習狀況感覺都還不錯，可能是調整的時間太長了，使體力掉了許多，尤其是比二百的時候特別明顯的沒力，也讓我的成績退了二秒，原本還想說會不會很幸運的破全國紀錄，這也是老師的成就，但是讓老師失望了！可是比賽我也盡力了，這也不能怪誰，因為老師和我們大家也努力了。第一次參加這麼大型的比賽，氣氛很好，成績卻游不出來，真的很緊張，看到其他亞洲國家都可以得名，覺得他們真的很厲害！同樣是亞洲人，為什麼他們行我們不行，我相信付出的努力一定會有收穫。

◇楊金桂（女兩百公尺自由式）

這次比賽雖然沒有游出自己最好的成績，但我卻盡了自己最大的力量，可能是自己的體力和耐力不夠，所以最後五十公尺才沒力游回來，也可能是因為太緊張的關係導致肌肉僵硬，畢竟第一次參加奧運，難免會有點小緊張，奧運比賽可說是游泳最熱門，決賽時場場都爆滿人，尤其是現場的氣氛更是high到不行！所以我們能選上奧運真是幸運！但千萬別抱持著來玩的心態，必須要全力以赴，否則就太對不起在臺灣幫我們加油的人了。最後，我希望還能再參加二〇〇八年北京奧運，並且能進決賽為國爭光。

◇宋怡潔（女一百公尺自由式）

第一次參加如此盛大的比賽，既讓人感到興奮又有點緊張。奧運是所有運動員最終所想要參加的盛大運動賽事，是一種最高的榮譽。這次我只比一項一百公尺，沒能游好，對自己感到有點小失望。因為之前在國訓中心的訓練是如此的累，每天都要練三場，雖然練的很累卻也要咬緊牙關撐下去，為的就是要突破自己的成績，這次無法達到自己所設定的目標，大概是因為太緊張了，出發未能做好。緊張就會出現許多的小失誤，失誤太多的話就會造成運動成績往下掉，如果比賽中能減少自己的失誤，就成了你成功的關鍵，那是要靠平常的訓練。這次日本隊都進步了許多，所以說身材不是問題，所以日後要再繼續努力下去。

◇聶品潔（女五十公尺自由式）

這次參加雅典奧運比賽成績沒有很理想，原本還以為會進步並打破全國紀錄，結果並沒有，反而還退步，為什麼呢？原因：在訓練的時候有時會摸魚，有時會小休息一下，老師出的課程，規定什麼時間要到，有時也會沒達到老師的要求。再來就是我第一次出國參加比賽，而且是四年一度的奧運，心理和生理都沒有調適的很好，比賽當天熱身做的不夠，肌肉僵硬活動不開，練習在做跳水衝刺也沒有很好，到了檢錄處看到了許多世界級的選手，氣氛非常緊張，這時我的心理有一股壓力，也開始跟著緊張全身動不開，一下水前二十五公尺感覺還不錯，但後面開始突然游不動前進不了，尤其是最後五公尺感覺快不行了，看到自己的成績覺得爛到不行！希望下次能改進，也希望能參加東亞運、下屆奧運好好的表現。

◇**傅筱涵**（女一百公尺仰式）

這次來雅典奧運是參加一百公尺仰式的游泳項目，賽前的一個月集中在國訓中心四個禮拜的密集訓練，非常的辛苦與難熬，所以這次的比賽大家都抱著突破自己極限的心情來面對挑戰。賽前的紮實訓練使我的調整狀況不錯，短衝計時的賽前模擬感覺也很好，尤其是比賽當天的熱身情況出奇的好，身體處在很不錯的狀態，可是一走到檢錄處那周圍的氣氛令我感到緊張與壓力，因為我只有一次機會要在最難游開的早上，創自己個人最佳成績，緊張使我本來溫熱的身體開始冷卻與發抖，雖然我腦裡不斷思考等會的配速，出發轉身該怎麼做，想使自己平靜，但比賽時間逼近，整個緊張的感覺不斷席捲而來，坐在檢錄處準備出賽時，手腳早發抖個不停，就算如此我還是想全力一搏，哨音響起比賽開始，出發還算不錯，反蝶腳感覺還可以，出水第一下感覺就開始不對，因為其他隊友的前車之鑑，我前面不太敢放膽開出來，拖著硬掉的身體，我試圖多用點力抓深一點想把水感找回來，但沒成功。

五十公尺以後轉身做得也算不錯，但反蝶腳打到一半左腳腳趾不太對勁，有點抽筋，我趕緊放鬆，但此時腳早已僵硬，到七十五公尺以後身體僵硬速度減慢，到達終點成績不理想退了一秒多。這次的缺點就是緊張與身心調適不夠，要多磨練，還有後段的體力要再加強，如果我的體力再好一點也許可以用體力來彌補身體僵硬的狀況，成績可能會好一些。最後是我從以前到現在一直沒改過來的缺點，前五十公尺不敢放膽開，後面再衝早來不及了，希望這次回去能改正這些缺點，或許會有不錯的成績。

◇ **林蔓繻**（女四百公尺混合式、女兩百公尺混合式、女兩百公尺仰式）

第一次參加大型的比賽，才第一次就是奧運——所有運動員的終極目標。我帶著雀躍的心以及全體國人的冀望，遠渡到這個神秘的國度。這是我第二次到希臘，風景雖同，心情卻差，參加比賽的選手，都是各國頂尖，有許多還是世界頂尖，我之前只在電視上看到他們，現在和他們一樣同身分，感到十分榮幸，也希望能像他們一樣為國爭光，這種想法一直激勵著我，使我的練習狀況十分良好，卻也使我在四百公尺混合式的比賽中，只顧跟著比自己實力強很多的人游，而忘記自己的體力和肌力，並不適合那樣的配速，所以就在最後的一百公尺，我可以說是完全沒力了，被他們拉開距離，成績也不如預期。

兩百公尺混合式是第二個項目了，我對這裡和比賽場地都較熟悉，我希望能表現得好，可惜最後五十公尺我還是體力不足差了零點二一秒破自己的紀錄，即使如此，但我知道我還是讓大家失望了！我真的盡力了，比賽卻只有一次，無法挽回。

兩百公尺仰式是我最後一項，也是我最後一次機會，我前一晚努力思考，如何出發、轉身及碰牆等等。我也想到如果我再度喪失這次機會，下一次要等四年，而且可能背負排山倒海性的批評，但我知道，緊張會使肌肉僵硬，我告訴我自己放輕鬆，讓自己睡了個好覺，坐在檢錄處的時候，我也努力讓自己的肌肉放鬆，一上出發台，我做了個自認不錯的出發，我將配速穩定，可惜還是差了零點六秒，覺得不會像前二項那麼沒力，覺得好像自己有因為這場比賽而改變。亞洲選手身材雖然略差，但是還是有許多世界好手，我們因為太在意別人的表現，失去信心，而忘記比賽成績的好壞，其實是在自己手上，我們還算年輕，我不想太早放棄，二〇〇八我還要再參加。

讀《重返艷陽下》心得報告

◇射箭：蔡靜雯

這是一本人生勵志的傳記，也是一段個人抗癌與命運搏鬥的經歷。故事開始於一九九三年，年輕氣盛的自由車選手藍斯．阿姆斯壯剛獲得自由車世界錦標賽冠軍，正要登上他人生事業的最巔峰時，光明的前程卻突然蒙上了烏雲——他的醫師告知他罹患第三期的癌症，從此他須被迫中斷他所熱愛的自由車運動生涯，開始另一段完全不同的生命歷程，在超過兩年的時間中，他進行了幾次大手術，並且經常須做化學治療，生活在整天與針藥為伍，與癌細胞奮戰的過程中幾乎喪命，後來奇蹟似的復原了，彷彿劫後重生般，他必須做一個重大的抉擇，是否要重返往日的運動歲月，可見他的意志力是非常驚人。

一九九九年他終於以行動證明給全世界看，頂尖的自由車選手藍斯又回來了，那一年他克服了一切困難，獲得自由車界最艱苦的比賽——環法賽的冠軍，也寫下了二十世紀運動史上最感人的一刻。

自由車好手阿姆斯壯，證明他的毅力及體力上是有自己的目標的，然而這也告訴我說，真正的比賽還沒有開始之前，不能懷疑自己的能力，自己有了目標之後，要抱持著自信心的態度去面對整個事物，做起事情來才會有成就感與自信。

我自己曾經低潮許久，感覺上很難過又失望，動作的協調性也變的很差，那時候自己彷佛像陀螺一樣，一直轉來轉去的，每天都以應付課表而已，上禮拜來了一位劉碧瑜教練，我們一起做訓練，幫我看箭的飛行及動作上的缺點，教練跟我講很多道理，自己聽完之後我又燃起自己的信心來面對整個事物。最後我要勉勵大家的是，堅持到底自己的目標，我們一起加油努力！

◇羽球：簡佑修

讀完這本書後的第一個感覺，就是覺得自己非常慶幸，能夠快樂的從事自己的興趣，而且又能夠得到家人及周遭朋友的支持，可是要面對的問題也很多，包括升學、考慮以後的出路，不過，最痛苦的莫過於訓練時的艱苦，相信只要當過運動員的，都會有這樣的體會吧！

其實我的身材並不好，雖然我在國小的成績就已經很不錯，但大家都認為以我的身材，長大後要打冠軍是不可能的事，很多人都等著看我的笑話，可是我做到了，大家也就慢慢試著認同這個冠軍；其實四年前我就有機會參加奧運，可惜在比賽時受傷，左腳跟肌腱斷裂，失去了資格，當時我非常的懊惱，很想就這樣放棄羽球，可是在家人的支持下，最終決定在哪裡跌倒，就在哪裡爬起，終於四年後的今天，讓我選上二〇〇四年雅典奧運的代表隊，這四年的辛苦總算有代價囉！

我從小就深信「天下無難事，只怕有心人」，在我們的運動員生涯中，唯有恆心和毅力可以造就一位優秀傑出的運動員，相信大家都聽過一句話「成功不是偶然，是靠平時的努力所堆積而成」，覺得自己就像書中的主角一樣，這一生中經歷了許許多多的苦難，但不服輸的個性帶領著我，衝過了一關接著一關，我相信最終一定會成功。

在看完這本書後，更加加深我對這句話的體認，只要你肯下定決心，沒有任何是可以將你阻擾在成功的大門之外，也希望我自己多多努力，在雅典為國爭光。

◇自由車：巫帛宏

我是巫帛宏，從我加入車隊到現在，我都一直很用心的練習。但是我一直以藍斯．阿姆斯壯為偶像和目標，以他的精神激勵自己。

《重返艷陽下》這本書，給我的啟示非常的多，我認為不僅自由車的選手，還有所有的運動選手；甚至任何一個人，在運動項目上或者學業上、工作上都需要有藍斯．阿姆斯壯這種越挫越勇、遇到困難決不退縮的精神。

藍斯・阿姆斯壯雖然被病魔纏身，但他並沒有因此而放棄他的人生，放棄他的最愛——自由車，甚至用更驚人的毅力與病魔搏鬥，最後他戰勝了病魔而且贏得自由車賽中最激烈的環法賽的冠軍；而我因此也下定決心，一定要超越他，比他更好。

我父親曾跟我說過一個故事，一個部隊的指揮官帶著較弱勢的兵力，乘船攻上敵人的基地，而且下令將船燒掉並對部下說；今天如果沒有戰勝敵人的話就無法活著回家，結果他們真的戰勝了，這就說明了我們任何一個人只要認為對的事，想做的事就必須下定決心決不動搖，並設定目標來達成目標決不放棄。

今天以此書與各位共勉勵，希望大家以藍斯・阿姆斯壯的精神激勵自己，設定目標下定決心為國爭光！

◇ 柔道：楊憲慈

這是一部激勵鬥志的心理小說，內容敘述一位世界級的自由車好手，藍斯・阿姆斯壯正要衝向運動生涯最高峰時，睪丸癌這樣殘酷的疾病，竟毫不留情的發生在他身上。粗魯、軟弱、遺憾及半途而廢，這些都是他過去不光彩的一面，他認為罹患癌症改變了他的一生，抗癌過程中，他捫心自問：「如果活了下來，我要成為怎麼樣的人？」

藍斯・阿姆斯壯成功抗癌後，收拾起複雜的心情和瘦弱的身體，披上昔日的戰袍，抬頭挺胸的重回自由車戰場。許多人認為環法賽是非常愚蠢的嘗試，但他認為環法賽是全世界所有運動項目中，最勇敢的嘗試，他將它視為命中的表徵。現在的他與以往大不同，生理、心理、感情三方面，都給了他前進的動力，而正是參加環法賽的先決條件。

最後他征服了山峰，也征服了對手，拿下環法賽的金牌。現在他也第五度奪下了環法賽冠軍的這份殊榮；環法賽的金牌無異是勝利的表徵，也代表他象徵的希望。

「我要成為怎樣的人？」我也不禁問了我自己！運動員最大的夢想無非是登上奧運最偉大的舞台，這個夢想離我越來越近，這是我最崇尚的目標，但在這之前，我要成為一個不輕言放棄，不怕失敗且永往直前的人。何況人沒有笨的，只有懶的，要堅定自己的信念，努力用生命來交換，「寧可辛苦一陣子，也不能辛苦一輩子」啊！

我天天在幻想著自己踏上奧運領獎台的剎那間，喜極而泣的對全世界吶喊著：「我來自臺灣，美麗的福爾摩沙！」我期許著自己，為中華民國也為柔壇奪下第一面奧運金牌。

◇女壘：簡岑如

一個運動員若是得到癌症後又要重返競技場是何等不容易啊！本書是在描述一位美國自由車選手藍斯・阿姆斯壯的個人簡史，並以自傳的方式寫下他自己從事自由車選手競賽與生病的心路歷程。

其內容包含藍斯・阿姆斯壯與他最親愛的母親之間的互動，和母親給予他的支持與鼓勵；以及個人對自由車的熱愛與魯莽衝撞、不服輸的個性等。但是天不從人願，當他正處運動生涯高峰時，卻發現自己罹患末期睪丸癌，而且細胞已經蔓延到肺部、腦部、生存機率低於百分之三，須被迫中斷他所熱愛的自由車運動生涯，可是他不僅未被病魔打敗，仍舊朝著自由車競賽努力，最後不但贏得困難度相當高的環法自由車的冠軍；更重要的是，他獲得生命的啟示，蛻變成另一個高富有愛心情懷、視野更開闊的人。

有許多單親家庭因為家庭的不健全而使的小孩身心發展不健全，行為有所偏差，但是由本文得知藍斯・阿姆斯壯雖生長在單親家庭，但他與母親的互動良好，母親就像他的良師益友，不斷的鼓勵與支持他，而母親的鼓勵是他的原動力，促使它能夠無後顧之憂的往前邁進，這是相當難得的一件事。

再者提及到人生，大家都知道人的一生中不如意十之八九，相信有許多人一定也都曾失落與失敗過，但失敗時你是選擇用什麼態度面對你的人生？如何與命運搏鬥？如何將危機轉變成轉機是你生命的韌性，是相當關鍵的因素。自此引述李昌鈺博士所說的一句話：「他一生中只做一件事情，那就是成功的事」與大家共勉之，希望大家也秉持這一種態度，相信成功就在不遠處了。

◇跆拳道：朱木炎

看完藍斯．阿姆斯壯的成功心路歷程，覺得有許多的感動與感觸，一個幾乎被癌症三振出局的世界級運動家，竟敗部復活的復原，而且贏得賽程最激烈的環法賽冠軍。阿姆斯壯真是個徹頭徹尾的運動員，他的一場大病帶給他的改變是驚人且威力強大的，但他卻無意於披上英雄的袈裟，他只想證明自己可以辦得到這個一般人都難以得到的比賽，更何況是他這一位得到睪丸癌的患者呢！如果他克服了癌症之外還可以贏得環法賽，那對於一般或是癌症患者的影響是具有非常大的意義，也帶給人們無限希望。

原本是為自己的生活與名利而做一名自由車的選手，癌症帶給他的挫折感讓他過著像地獄般的生活，但阿姆斯壯在過程中之所以克服了種種因癌症給他的挫折，是因為他只想要活著就好，不管如何只要活著就好，他接受種種的治療最後他真的克服了癌症，但他在之後的一些時間他只想享受人生，而對生活沒有規劃過一日算一日好好珍惜撿回來的命。原本只有「百分之二十」的存活機率，卻能活下來；但過了沒多久他發現他沒有辦法過這種生活，沒有挑戰性的日子活著沒有目標方向，豈不是「行屍走肉般」嗎？於是他重回他以前的戰場自由車的世界，一切從零開始，他因為比以前更珍惜他的人生，所以他非常的清楚他要的是難度最高的環法賽的金牌，如果他的奇蹟是靠著自己的意志力與智慧所辦到的，那其他人都可以，所以給一般的人帶來無限的希望，只要有著這種精神，做什麼事都可以達成的。

真的非常佩服他的精神，他真的辦到了，他真的影響了我，他的成功是以他細心的學習與專注的精神所辦到的，而他的方式也具有科學、力學、營養學……，這些資源我們國家也都有，所以我們要更警惕自己，他們行我們也一定行，阿姆斯壯為了他的自行車暫時放棄他的生活，我相信我也可以為我的跆拳道放棄認識更多的朋友，更多與家人相處的時間，或是一般的社交活動。

「我知道唯有放手才可以得到更多」，還有一句「成功是留給堅持到最後一刻的人」。

◇舉重：楊景翊

當舉重運動員真的很累，為什麼必須要選擇跟一般人不一樣？為什麼我就必須忍受無樂趣的生活，接受刻苦的訓練，每天面對那支冰冷的東西，微笑的迎接失敗後眾人的嘲諷，我是多麼的不想，也不願意，但是那又如何呢？這是我的選擇，也是我的磨練，我努力的學著忍受那所謂的無趣的生活，刻苦的磨練，微笑的迎接失敗後眾人的嘲諷，我不是聖人，其實我不需要這樣做，甚至我可以決定是否要放棄，立刻迎接無憂無慮的自由，但是真的就能夠如此嗎？我不知道，我從來沒想過。

二年前的一場車禍真的差一點讓我不能站在這裡，那一陣子的心情真的壞到極點，很怕自己從此斷了這一條路，但是還好上帝還滿給我面子的，只讓我浪費不久的時間，又讓我重新的再站起來，多年來被灌輸的觀念，只要努力的訓練就會有令人滿意結果，那可是那麼多人想得到的目標啊！有時候自己也會想像著，有一天站在台上，掌聲歡呼聲，是多麼的轟天動地，我做到了，自己也在幻想著。

這樣滿意了嗎？老實說我不可能會滿意，當我登上一座山的頂點，心裡就想著我一定要創造更高的山峰，最好還是前無古人後無來者，是多麼棒的理想，雖然有時候會因為自己把目標定的太高而中途想要去放棄，就當作理想只是一場虛空的夢而已。值得慶幸的是，我雖做不到但我無法放棄我所努力過的一切，我相信自己能勝過這一切並克服任何的困難。

舉重陪伴著我即將邁入第十三年，這段期間當然經歷了許多艱辛、快樂的事，這當中或許失去我原本應有的自由，但我很清楚那只是暫時的，等我做完所有的事，努力有了結果我就能找回那所有的一切……，加油！

國家圖書館出版品預行編目（CIP）資料

我的奧運金牌之路：見證奧林匹克精神38堂課／彭臺臨作．--第一版．--
臺北市：中華奧委會出版：博思智庫發行，2015.04
面；公分．--（Goal；12）
ISBN 978-986-7601-88-9（平裝）

1. 奧林匹克運動會 2. 自我實現

528.982　　104003733

GOAL 12

我的奧運金牌之路

—見證奧林匹克精神的38堂課

作　　者｜彭臺臨
執行編輯｜吳翔逸
美術設計｜蔡雅芬
行銷策劃｜李依芳

出 版 者｜中華奧林匹克委員會
地　　址｜104台北市中山區朱崙街20號
電　　話｜（02）27521441
傳　　真｜（02）27790379

發 行 人｜黃輝煌
社　　長｜蕭艷秋
財務顧問｜蕭聰傑
發行單位｜博思智庫股份有限公司
地　　址｜104台北市中山區松江路206號14樓之4
電　　話｜（02）25623277
傳　　真｜（02）25632892

總 代 理｜聯合發行股份有限公司
電　　話｜（02）29178022
傳　　真｜（02）29156275

印　　製｜永光彩色印刷股份有限公司
定　　價｜250元
第一版第一刷　中華民國104年4月

ISBN　978-986-7601-88-9

博思智庫股份有限公司
博思智庫粉絲團　Facebook.com/broadthinktank